Śrī Lalitāmbikā

STOTRAM AND SAHASRANĀMA

ISBN 978-1-7321420-5-3

Shanti Mandir
51 Muktananda Marg
Walden, NY 12586, U.S.A
+1 (845) 778-1008

At Village Magod
Mahafalia, Post: Atul
Dist. Valsad 396 020
Gujarat, India
+91 (85112) 19038
+91 (81408) 99232.

Sannyas Marg
Kankhal Haridwar, 249 408
Uttarkhand, India
+91 (94111) 74333
+91 (92583) 24454

www.shantimandir.com

1st Edition: February 1994
2nd Edition: October 6, 1999
3rd Edition: March 2019

CONTENTS

Foreword
Dwādaś Darśan Kānan Kesarī Swāmī Kāśikānanda Girijī i

Foreword
Mahāmandaleshwar Swami Nityānanda vii

Pronunciation Guidelines ix

Gaṇeśavandanam and Nyāsaḥ 1

Dhyānam 3

Lamityādi-pancapūja 5

Śrī Lalitā-sahasranāma-stotram 7

Śrī Lalitā-sahasra-nāmāvaliḥ 25

Uttaranyāsaḥ 140

Samarpaṇam 142

FOREWORD

THE HYMN, *Śri Lalitāmbikā-Sahasra-nāma-Stotra*, forms a part of the instructions Bhagawān Hayagrīva communicated to Maharśī Agastya. The hymn is given in the *Brahmāṇḍa-purāṇa*. It is used as a part of the ceremony honoring Śrī-vidyā and as an independent spiritual practice for attaining the four objectives of human life. That is, if *Lalitā-Sahasra-nāma-Stotra* recitation and the thousand-name worship are performed, then the ceremony honoring Śrī-vidyā is effective. If an independent practice of recitation and worship with the thousand names is performed, then the rewards described at the end of the hymn are attained. The rewards include curing all diseases and increasing all wealth, but the main purpose is the attainment of beatitude. Curing diseases and so on is a mundane fulfillment of desires. Illustrious statements such as "Jñānādeva tu kaivalyam" meaning "Beatitude is possible only through knowledge" indicate that the knowledge of the Self is a means to beatitude. To that end, several names we come across among the thousand names are such that they impart knowledge of the Self. The merit that arises from uttering the name protects the repeater against sins that block knowledge as well as illnesses resulting from the sins, and brings about sharpness of intellect and other means that further understanding. Therefore it is not an exaggeration to say that chanting the hymn is a means for attaining beatitude.

For example, the word, Tattvamayī, is chanted two times in the hymn, but there is no repetition here. If repetition is allowed, the set will not amount to a thousand names. The purpose of chanting it two times is that one of the meanings is obviously different from the other. It is necessary to take the trouble of finding out the two different meanings. One interpretation is Tattvaḥmayī, (name 907) meaning - "She who is the Reality Herself," which is correct. The other is Tat+tvam+ayī which means That+Thou+vocative particle of entreaty - "Oh." This gives rise to three different names (425-427). Then the salutation "Om Tasmai namaḥ" - "Salutations to Her who is That" (name 425) is appropriate. Instead, some one has interpreted the salutation as "Om Tasyai namaḥ" - meaning "Salutations to Her," (Tasyai - a declination of the word Tat) which is not correct. For, the next name "Thou" gives rise to the salutation "Om Tubhyaṁ namaḥ" (426) meaning "Salutations to Her who is addressed as Thou." Here, at first,Thou, i.e. Devī, not being an individual being, the oneness of the individual self and Universal Self, (of the famous statement "Tat-tvaṁ-asi" - "That thou art") cannot be implied. But by knowing the *Chāndogya Upaniṣad*, the statement, "You have assumed the forms of Śvetaketu and others," will be familiar. Then since the Undivided Consciousness assumes the form of the Supreme Self without attributes and the form of the individual self with attributes, the two names, "That" (name 425) and "Thou" (name 426) are consistent with the oneness doctrine of the Universal Self and the individual self.

The knowledge of oneness of the individual self and the Universal Self certainly produces beatitude. One has to analyze the meaning up to this point. Otherwise, saying, "Salutations to Her," will mean "You are You," which makes one name "You" redundant. Therefore the first interpretation of name 425 is correct.

All this is described according to prevalent interpretations. Actually, the worship of Śakti is used at the outset for invoking Jñānaśakti (Power of Supreme Knowledge), Icchāśakti (Power of Divine Will) and Kriyāśakti (Power of Divine Action). Ācārya Śankarācārya says in his work titled, *Saundarya Lahari - Waves of Beauty* that even Śiva, only when He is accompanied with awakened Śakti, becomes the Ruler (capable of creating, etc.); otherwise to create divine pulsation - to expand and contract - as per the Science of Divine Pulsation - Spanda Kārikā will not be possible for Parama-śiva. That is the reason all three, Brahmā, Viṣṇu and Maheśvara attained the three śaktis Sarasvatī, Lakṣmī and Pārvatī respectively and then began their work of creation, maintenance and dissolution. This account is described in the scripture *Devī Bhāgavata*.

The worship of Śri Vidyā is the greatest spiritual practice. It is a very secret study. In the *Kulārṇava Tantra* it is said:

Anyāstu sakalā vidyāḥ prakarā-gaṇikā ivā
Iyaṅ tu Shāmbhavī Vidyā guptā kulavadhūriva.
(Verse 85/Ch. 11)

"All other studies are like a multitude of courtesans. But this

Śāmbhavī Vidyā is guarded like a bride from a respected family." This point is also brought out in the Paśuema-kalpa-sūtra. Even though there are quite a few people who perform the worship of Śrī Vidyā, it is difficult to know how many of them understand the mystery of Śrī Vidyā. Certainly there are people who understand the mystery because this world is full of "gems." Gems remain hidden. Let alone those who know the mystery, even the person who can recognize the signs of the knower of the mystery, is also very rare. Under such circumstances it is extremely difficult to study and understand the worship of Śrī Vidyā. Therefore in order to perform the worship at least in part, the practice of reciting the thousand names exists. It is neither inaccessible nor strenuous. This is the unconditional grace bestowed by Bhagawān Hayagrīva on the devotees. Yes! Even then it would be excellent if the repetition of the thousand names is performed in the manner discussed in the following.

Prātaḥ snātvā vidyānena sandhyā-karma samāptaya
Pūjāgṛham tato-gatvā Cakra-rājam samarcayet
Vidyām japeta sahasram vā triśantam śāta-mevavā
Rahasya-nāma sahasra-midam paścāt-paṭhenyae

In the morning after taking a bath, finishing the "sandhyā-vandana" (salutation rite of purification, prāṇāyāma, worship of Self using the Gāyatrī mantra) enter the pūjā-room worship Śrī-Cakra according to the instructions and capability. Then repeat the Śrīvidyā Mantra a thousand times, or three hundred times, or a minimum of a hundred times. Afterwards, chant the rahasya (mystery) - name part. Keep in mind that worship by the name alone does not need even these regulations.

Om Śāntiḥ śāntiḥ śāntiḥ

Dwādaś Darśan Kānan Kesarī
Swami Kāśikānanda Girijī

Ānandavana Āśrama
August 8, 1999

Swami Kāśikānandaji, a learned scholar of Sanskrit, was an unparalleled authority in the interpretation on Vedic scriptures. He wrote more than 40 books on various Vedāntic subjects. Blessed by Goddess Saraswati, his understanding and knowledge had no limits. The sadhus of India held him as the final authority in any scriptural debate. In spite of all his achievements, he was very humble and approachable by all.

FOREWORD

ŚRĪ LALITĀ-SAHASRANĀMĀVALIḤ is the list of 1000 names from the *Lalitā-sahasranāma*, describing her various forms, aspects and functions. It is in honor of the Goddess Lalitā Ambikā. Lalitā means the playful one. Her play is creation and the functions of the universal energy. Ambikā means the mother, the one who sustains.

This text depicts the external and internal beauty of Lalitā. As one starts internalizing the process, one begins to see the beauty within oneself and then the entire external world becomes beautiful as well. The *Sahasranāma* also talks about the Goddess in the form of Śrī Cakra or Śrī Vidyā and as Kuḍalinī, the energy within.

Each deity has its own Yantra. Yantra means abode, or to control. Of all the yantras, Śrī Cakra or Śrī Yantra is considered to be the most superior and benevolent. Śrī Cakra, the abode of all the powers and personalities of the Mahāśakti is considered as one body of Śiva and Śakti. Śrī Cakra is primarily represented in two forms; on a flat material or as a mountain then known as Merū Śrī Cakra.

Śrī means Holy-Auspicious- Lakṣmī-Honorific.

Cakra means Wheel, which represents constant movement.

Vidyā means Divine Knowledge or Wisdom

Śrī Cakra is a complex diagram of interlocked triangles, pointing upwards and downwards, with a Bindu (dot) in the center. Śakti, which is of the nature of force or energy, is represented by lines and curves and their combinations. The dot represents Śiva. If the mantra is a revelation of the Goddess in sound, the Śrī Cakra is a revelation of her in lines.

Ultimately, it is one's own devotion and faith that bears fruit. May our love and devotion to the Goddess bring joy and beauty into our lives.

May Lalitā-Ambikā's blessings be upon us!

Your own,
M M Swami Nityānanda

Shanti Mandir
February 1994

Swami Nityānanda is one of Baba Muktānanda's successors. He travels internationally sharing the teachings of Vedānta and Kaśmir Śaivism. Twice every year he celebrates Navarātrī, the nine day powerful Goddess worship when this chant is sung every evening.

PRONUNCIATION GUIDELINES

SANSKRIT IS THE ORIGIN of all languages. All the Vedic scriptures were written in Sanskrit by the sages and are taught all over the world, scholars having carefully preserved their beauty and power through the centuries. When the heart and mind are totally focused on the chant, the fruits of this practice are enjoyed immediately.

These brief notes are intended as an aid to correct pronunciation in the chanting of the stotras so that the one who is chanting may gain the greatest benefit from the repetition of these sacred mantras.

Vowels

Pronunciation of short vowels

a	as in cut, mud
i	as in kit, lip
u	as in look
e	as in French
o	as in code

Pronunciation of long vowels
The long vowel sounds are indicated by a short line above the vowel, thus:

ā	as in rather
ī	as in lean, beam
ū	as in cool, tool

Other vowel sounds

ai	as in lay, ray
au	as in cow
ṛ	is pronounced like a rolled r, followed by a short sound between i and u
ṝ	a rolled "r" followed by a "u" sound
ḷ	a rolled "l" preceded by a "r" and followed by a short sound between i and u
ḹ	a rolled "l" preceded by a "r" and followed by a "u" sound
~	over a vowel indicates a nasal pronunciation.

Consonants

ca	as in coach
cha	as in chart
gha	as in doghouse
ha	habit
ja	as in bridge
jha	as in sledgehammer
kṣa	sanction
ṇa	"ng" as in bring
ś	as in shed, shower
ṣ	as in sure (similar to ś, except that the tip of the tongue is bent back to touch the roof of the mouth)
ñ	as in canyon, mañana
jñ	as dnya or gnya
ḥ	Consonants should be slightly aspirated when followed by h. eg: abhor, adhere, anthill, loophole.

th Boathouse - It is not pronounced as in the English word "then"

ph Loophole - It is not pronounced as in the English word "phantom"

ḥ At the end of a word, it means that the previous vowel is echoed. eg: namaḥ is pronounced namaha.

Consonants written together (jj, cc, chch, nn, etc) are pronounced as a single letter. Please bear in mind that in Sanskrit, every letter is pronounced. There are no silent letters.

GAṆEŚAVANDANAM AND NYĀSAḤ

Gaṇeśavandanam

Salutations to Ganesha

Śuklāmbara-dharaṁ viṣṇuṁ
śaśi-varṇaṁ catur-bhujam,
Prasanna-vadanaṁ dhyāyet-
sarva-vighnopa-śāntaye.

Nyāsaḥ

Assignment of Mantras

Asya śrī lalitā-sahasra-nāmastotra-mahā-mantrasya.
Vaśinyādi-vāg-devatā ṛṣayaḥ.
Anuṣṭup chandaḥ.
Śrīlalitā parameśvarī devatā.
Aiṁ śrīmad-vāg-bhava-kūṭeti bījam.
Klīṁ madhya-kūṭeti śaktiḥ.
Sauḥ śakti-kūṭeti kīlakam.
Mūla-prakṛtir-iti dhyānam.

Śrīlalitā-mahā-tripura-sundarī-prasād-siddhi-dvārā-cintita-
phalāvāptyarthe-jape-viniyogaḥ.

Karanyāsaḥ

Salutations to bījamantras

Aiṁ aṅguṣṭhābhyāṁ namaḥ.
Klīṁ tarjanībhyāṁ namaḥ.
Sauḥ madhyamābhyāṁ namaḥ.

Aiṁ anāmikābhyāṁ namaḥ.
Klīṁ kaniṣṭhikābhyāṁ namaḥ.
Sauḥ karatala-karapṛṣṭhābhyāṁ namaḥ.

Aṅganyāsaḥ

Positioning bījamantras

Aiṁ hṛdayāya namaḥ.
Klīṁ śirase svāhā.
Sauḥ śikhāyai vaṣaṭ.
Aiṁ kavacāya huṁ.
Klīṁ netra-trayāya vauṣaṭ.
Sauḥ astrāya phaṭ.
Bhūr bhuvas-suvar-om-iti digbandhaḥ.

Dhyānam

Meditation

Sindūrāruṇa-vigrahāṁ tri-nayanāṁ
māṇikya mauli-sphurat-
tārānāyaka-śekharāṁ smitamukhīm
āpīna-vakṣoruhām,
Pāṇibhyām alipūrṇa-ratna-caṣakaṁ
raktotpalaṁ bibhratīṁ-
saumyāṁ ratna-ghaṭastha-rakta-caraṇāṁ
dhyāyet-parām-ambikām.

Meditate on the Divine Mother who has a vermilion-red body with three eyes, sports a crown of rubies studded with the crescent moon, has a smiling face, a bosom with teats, her one hand holding a jewel-cup brimming with mead, and the other holding a red lotus. She is gentle, resides in a decked water pot (a yantra) and has red feet.

Aruṇāṁ karuṇā-taraṅgitākṣīṁ
dhṛta-pāśāṅkuśa-puṣpa-bāṇa-cāpām,
aṇimādibhir āvṛtāṁ mayūkhai-raham-
ityeva vibhāvaye bhavānīm.

I think of Goddess Bhavāni as the supreme 'I'-consciousness. She is red like the dawn. She has eyes filled with waves of compassion. She holds in her four hands a noose, a goad, a flower-arrow and a bow. The effulgence of the eight siddhis (powers) surrounds her.

Dhyāyet padmāsanasthām vikasita-vadanām
padma-patrāyatākṣīm
hemābhām pītavastrām kara-kalita-lasad-
dhema-padmām varāṅgīm,
sarvālaṅkāra-yuktām satatam-abhayadām
bhaktanamrām Bhavānīm
Śrīvidyāṁ śāntamūrtim sakala-sura-nutām
sarva sampat-pradātrīm.

Contemplate Goddess Bhavāni, who sits in a lotus, has a face beaming with joy, has eyes soft and elongated like lotus petals, radiates a golden hue, is dressed in yellow sari, sports a golden lotus in her hand, is perfect in every limb, and wears gorgeous ornaments. She is always compassionate towards devotees, and bestows protection and all prosperity on them. Adored by all celestials, she is the embodiment of Śri Vidyā and Tranquillity.

Sakuṁkuma-vilepanām alika-cumbi-kastūrikām
samanda-hasitekṣaṇām saśara-cāpa-pāśāṅkuśām,
aśeṣa-jana-mohinīm aruṇa-mālya-bhūṣāmbarāṁ
japā-kusuma-bhāsurām japavidhau
-smared-ambikām.

While performing japa, meditate on the Mother, whose body is anointed with vermilion and musk that attracts the bees, whose eyes twinkle with a smile, who holds in her hands her bow, arrow, noose and goad, who captivates one and all, who is adorned with red garlands and ornaments and who shines with the hue of the purple china flowers.

Lamityādi-pancapūja

Worship of five elements

'Laṁ' pṛthivī-tattvātmikāyai śrīlalitāmbikāyai
gandhaṁ parikalpayāmi

'Haṁ' ākāśa-tattvātmikāyai śrīlalitāmbikāyai
puṣpāṇi samarpayāmi

'Yaṁ' vāyu-tattvātmikāyai śrīlalitāmbikāyai
dhupam āghrāpayāmi

'Raṁ' vahni-tattvātmikāyai śrīlalitāmbikāyai
dīpaṁ darśayāmi

‘Vaṁ’ amṛta-tattvātmikāyai śrīlalitāmbikāyai
amṛtaṁ mahā naivedyaṁ nivedayāmi

‘Saṁ’ sarva-tattvātmikāyai śrīlalitāmbikāyai
sarvopacārapūjāṁ samarpayāmi

ŚRĪ LALITĀ-SAHASRANĀMA-STOTRAM

1. Om Śrīmātā śrī-mahārājñī śrīmat-siṁhāsan'eśvarī,
Cidagni-kuṇḍa-sambhūtā deva-kārya-samudyatā.

2. Udyad-bhānu-sahasrābhā catur-bāhu-samanvitā,
Rāga-svarūpa-pāśāḍhyā krodhākār-āṅkuś'ojjvalā.

3. Mano-rūpekṣu-kodaṇḍā pañca-tanmātra-sāyakā,
Nijāruṇa-prabhāpūra-majjad-brahmāṇḍa-maṇḍalā.

4. Campakāśoka-punnāga-saugandhika-lasat-kacā,
Kuruvinda-maṇi-śreṇī-kanat-koṭīra-maṇḍitā.

5. Aṣṭamī-candra-vibhrāja-dalika-sthala-śobhitā,
Mukha-candra-kalaṅkābha mṛga-nābhi-viśeṣakā.

6. Vadana-smara-māṅgalya-gṛha-toraṇa-cillikā,
Vaktra-lakṣmī-parīvāha-calan-mīnābha-locanā.

7. Nava-campaka-puṣpābha-nāsā-daṇḍa-virājitā,
Tārā-kānti-tiraskāri-nāsābharaṇa-bhāsurā.

8. Kadamba-mañjarī-kḷpta-karṇa-pūra-manoharā,
Tāṭaṅka-yugalī-bhūta-tapanoḍupa-maṇḍalā.

9. Padma-rāga-śilādarśa-paribhāvi-kapolabhūḥ,
Nava-vidruma-bimba-śrī-nyakkāri-radana-cchadā.

10. Śuddha-vidyāṅkurā-kāra-dvija-paṅkti-dvayojjvalā,
Karpūra-vīṭikāmoda-samākarṣi-digantarā.

11. Nija-saṅlāpa-mādhurya-vinir-bhartsita-kacchapī,
Manda-smita-prabhā-pūra-majjat-kāmeśa-mānasā.

12. Anākalita-sādṛśya-cibuka-śrī-virājitā,
Kāmeśa-baddha-māṅgalya-sūtra-śobhita-kandharā.

13. Kanakāṅgada-keyūra-kamanīya-bhujānvitā,
Ratna-graiveya-cintāka-lola-muktā-phalānvitā.

14. Kāmeśvara-prema-ratna-maṇi-pratipaṇa-stanī,
Nābhyāla-vāla-romāli-latā-phala-kuca-dvayī.

15. Lakṣya-roma-latā-dhāratā-samunneya-madhyamā,
Stana-bhāra-dalan-madhya-paṭṭa-bandha-vali-trayā.

16. Aruṇāruṇa-kausumbha-vastra-bhāsvat-kaṭī-taṭī,
Ratna-kiṅkiṇikā-ramya-raśanā-dāma-bhūṣitā.

17. Kāmeśa-jñāta-saubhāgya-mārdavoru-dvayānvitā,
Māṇikya-mukuṭākāra-jānudvaya-virājitā.

18. Indra-gopa-parikṣipta-smara-tūṇābha-jaṅghikā,
Gūḍha-gulphā kūrma-pṛṣṭha-jayiṣṇu-prapadānvitā.

19. Nakha-dīdhiti-saṁchanna-namajjana-tamoguṇā,
Pada-dvaya-prabhājāla-parākṛta-saroruhā.

20. Siñjāna-maṇi-mañjīra-maṇḍita-śrī-padāmbujā,
Marālī-manda-gamanā-mahālāvaṇya-śevadhiḥ.

21. Sarvāruṇā 'navadyāṅgī sarvābharaṇa-bhūṣitā,
Śiva-kāmeśvarāṅkasthā śivā svādhīna-vallabhā.

22. Sumeru-madhya-śṛṅgasthā-śrīman-nagara-nāyikā,
Cintāmaṇi-gṛhāntasthā pañca-brahmāsana-sthitā.

23. Mahā-padmāṭavī-saṁsthā kadamba-vana-vāsinī,
Sudhā-sāgara-madhyasthā kāmākṣī kāmadāyinī.

24. Devarṣi-gaṇa-saṁghāta-stūyamānātma-vaibhavā,
Bhaṇḍāsura-vadhodyukta-śakti-senā-samanvitā.

25. Saṁpatkarī-samārūḍha-sindhura-vraja-sevitā,
Aśvārūḍhā dhiṣṭhitāśva-koṭi-koṭibhir-āvṛtā.

26. Cakrarāja-rathārūḍha-sarvāyudha-pariṣkṛtā,
Geya-cakra-rathārūḍha-mantriṇī-parisevitā.

27. Kiricakra-rathārūḍha-daṇḍanātha-puraskṛtā,
Jvālā-mālinikākṣipta-vahni-prākāra-madhyagā.

28. Bhaṇḍa-sainya-vadhodyukta-śakti-vikrama-harṣitā,
Nityā-parākramāṭopa-nirīkṣaṇa-samutsukā.

29. Bhaṇḍaputra-vadhodyukta-bālā-vikrama-nanditā,
Mantriṇyambā-viracita-viṣaṅga-vadha-toṣitā.

30. Viśukra-prāṇa-haraṇa-vārāhī-vīrya-nanditā,
Kāmeśvara-mukhāloka-kalpita-Śrīgaṇeśvarā.

31. Mahā-gaṇeśa-nirbhinna-vighna-yantra-praharṣitā,
Bhaṇḍāsurendra-nirmukta-śastra-pratyastra-varṣiṇī.

32. Karāṅguli-nakhotpanna-nārāyaṇa-daśākṛtiḥ,
Mahā-pāśupatāstrāgni-nirdagdhāsura-sainikā.

33. Kāmeśvarāstra-nirdagdha-sabhaṇḍāsura-śūnyakā,
Brahmopendra-mahendrādi-deva-saṁstuta-vaibhavā.

34. Hara-netrāgni-saṁdagdha-kāma-sañjīvanauṣadhiḥ,
Śrīmad-vāgbhava-kūṭaika-svarūpa-mukha-paṅkajā.

35. Kaṇṭhādhaḥ-kaṭi-paryanta-madhya-kūṭa-svarūpiṇī,
Śakti-kūṭaikatā-panna-kaṭyadho-bhāga-dhāriṇī.

36. Mūla-mantrātmikā-mūla-kūṭa-traya-kalevarā,
Kulāmṛtaika-rasikā kula-saṁketa-pālinī.

37. Kulāṅganā-kulāntasthā kaulinī kulayoginī,
Akulā samayāntasthā samayācāra-tatparā.

38. Mūlādhāraika-nilayā brahma-granthi-vibhedinī,
Maṇi-pūrānta-ruditā viṣṇu-granthi-vibhedinī.

39. Ājñā-cakrāntarāla-sthā rudra-granthi-vibhedinī,
Sahasrārāmbujā-rūḍhā sudhā sārābhi-varṣiṇi.

40. Taḍil-latā samaruciḥ ṣaṭ-cakropari-saṁsthitā,
Mahā-saktiḥ kuṇḍalinī bisatantu-tanīyasī.

41. Bhavānī bhāvanā-gamyā bhavāraṇya-kuṭhārikā,
Bhadra-priyā bhadra-mūrtir-bhakta-saubhāgyadāyini.

42. Bhakti-priyā bhakti-gamyā bhakti-vaśyā bhay-āpahā,
Śāṁbhavī Śāradārādhyā Śarvāṇī śarma-dāyinī.

43. Śāṁkarī śrīkarī sādhvī śarac-candra-nibhānanā,
Śātodari śāntimatī nirādhārā nirañjanā.

44. Nirlepā nirmalā nityā nirākārā nirākulā,
Nirguṇā niṣkalā śāntā niṣkāmā nirupa-plavā.

45. Nitya-muktā nirvikārā niṣprapañcā nirāśrayā,
Nitya-śuddhā nitya-buddhā niravadyā nirantarā.

46. Niṣkāraṇā niṣkalaṅkā nirupādhir-nirīśvarā,
Nīrāgā rāga-mathanī nirmadā mada-nāśinī.

47. Niścintā nirahaṁkārā nirmohā moha-nāśinī,
Nirmamā mamatā-hantrī niṣpāpā pāpa-nāśinī.

48. Niṣkrodhā krodha-śamanī nirlobhā lobha-nāśinī,
Niḥ-saṁśayā saṁśaya-ghnī nirbhavā bhava-nāśinī.

49. Nirvikalpā nirābādhā nirbhedā bheda-nāśinī,
Nirnāśā mṛtyu-mathanī niṣkriyā niṣparigrahā.

50. Nistulā nīla-cikurā nirapāyā niratyayā,
Durlabhā durgamā Durgā duḥkha-hantrī sukha-pradā.

51. Duṣṭadūrā durācāra-śamanī doṣa-varjitā,
Sarvajñā sāndra-karuṇā samānādhika-varjitā.

52. Sarva-śaktimayī sarva-maṅgalā sad-gati-pradā,
Sarveśvarī sarvamayī sarva-mantra-svarūpiṇī.

53. Sarva-yantrātmikā sarva-tantra-rūpā manonmanī,
Māheśvarī Mahādevī Mahālakṣmī mṛḍapriyā.

54. Mahārūpā mahāpūjyā mahā-pātaka-nāśinī,
Mahāmāyā mahāsattvā mahā-śaktir mahā-ratiḥ.

55. Mahābhogā mahaiśvaryā mahāvīryā mahābalā,
Mahābuddhir mahāsiddhir mahāyogeśvareśvarī.

56. Mahātantrā mahāmantrā mahāyantrā mahāsanā,
Mahāyāga-kramārādhyā mahā bhairava-pūjitā.

57. Maheśvara-mahākalpa-mahātāṇḍava-sākṣiṇī,
Mahākāmeśa-mahiṣī mahā-tripura-sundarī.

58. Catuḥ-ṣaṣṭyupacārāḍhyā catuḥ-ṣaṣṭi-kalāmayī,
Mahācatuḥ-ṣaṣṭikoṭi-yoginī-gaṇasevitā.

59. Manuvidyā candravidyā candramaṇḍala-madhyagā,
Cārurūpā cāruhāsā cārucandra-kalādharā.

60. Carācara-jagan-nāthā cakra-rāja-niketanā,
Pārvatī padma-nayanā padma-rāga-sama-prabhā.

61. Pañca-pretāsanāsīnā pañca-brahma-svarūpiṇī,
Cinmayī paramānandā vijñāna-ghana-rūpiṇī.

62. Dhyāna-dhyātṛ-dhyeya-rūpā dharmā-dharma vivarjitā,
Viśva-rūpā jāgariṇī svapantī taijasātmikā.

63. Suptā prājñātmikā turyā sarvāvasthā-vivarjitā,
Sṛṣṭikartrī brahmarūpā goptrī govindarūpiṇī.

64. Saṁhāriṇī rudrarūpā tirodhānakarīśvarī,
Sadāśivā 'nugrahadā pañca-kṛtya-parāyaṇā.

65. Bhānu-maṇḍala-madhyasthā Bhairavī bhagamālinī,
Padmāsanā Bhagavatī padma-nābha-sahodarī.

66. Unmeṣa-nimiṣotpanna-vipanna-bhuvanāvalī,
Sahasra-śīrṣa-vadanā sahasrākṣī sahasrapāt.

67. Ābrahma-kīṭa-jananī varṇāśrama-vidhāyinī,
Nijājñā-rūpa-nigamā puṇyāpuṇya-phala-pradā.

68. Śruti-sīmanta-sindūrī-kṛta-pādābja-dhūlikā,
Sakalāgama-saṅdoha-śukti-saṁpuṭa-mauktikā.

69. Puruṣārtha-pradā pūrṇā bhoginī bhuvaneśvarī,
Ambikā 'nādi-nidhanā hari-brahmendra-sevitā.

70. Nārāyaṇī nādarūpā nāmarūpa-vivarjitā,
Hrīṁkārī hrīmatī hṛdyā heyopādeya-varjitā.

71. Rāja-rājārcitā rājñī ramyā rājīva-locanā,
Rañjanī ramaṇī rasyā raṇat-kiṅkiṇi-mekhalā.

72. Ramā rākendu-vadanā ratirūpā ratipriyā,
Rakṣākarī rākṣasaghnī rāmā ramaṇa-lampaṭā.

73. Kāmyā kāma-kalārūpā kadamba-kusuma-priyā,
Kalyāṇī jagatī-kandā karuṇā-rasa-sāgarā.

74. Kalāvatī kalā-lāpā kāntā kādambarī-priyā,
Varadā vāma-nayanā vāruṇī-mada-vihvalā.

75. Viśvādhikā vedavedyā vindhyācala-nivāsinī,
Vidhātrī vedajananī viṣṇumāyā vilāsinī.

76. Kṣetra-svarūpā kṣetreśī kṣetra-kṣetrajña-pālinī,
Kṣaya-vṛddhi-vinirmuktā Kṣetrapāla-samarcitā.

77. Vijayā vimalā vandyā vandāru-jana-vatsalā,
Vāgvādinī vāmakeśī vahni-maṇḍala-vāsinī.

78. Bhaktimat-kalpa-latikā paśu-pāśa-vimocinī,
Saṁhṛtāśeṣa pāṣaṇḍā sadācāra-pravartikā.

79. Tāpa-trayāgni-saṁtapta-samāhlādana-candrikā,
Taruṇī tāpasārādhyā tanu-madhyā tamopahā.

80. Citis-tatpada-lakṣyārthā-cidekarasa-rūpiṇī,
Svātmānanda-lavībhūta-brahmādy-ānanda-santatiḥ.

81. Parā pratyak-citīrūpā paśyantī para-devatā,
Madhyamā-vaikharī-rūpā bhakta-mānasa-haṁsikā.

82. Kāmeśvara-prāṇa-nāḍī kṛtajñā kāma-pūjitā,
Śṛṅgāra-rasa-saṁpūrṇā jayā jālandhara-sthitā.

83. Oḍyāṇa-pīṭha-nilayā bindu-maṇḍala-vāsinī,
Raho-yāga-kramārādhyā rahas-tarpaṇa-tarpitā.

84. Sadyaḥ-prasādinī viśva-sākṣiṇī sākṣi-varjitā,
Ṣaḍ-aṅga-devatā-yuktā ṣāḍ-guṇya-paripūritā.

85. Nitya-klinnā nirupamā nirvāṇa-sukha-dāyinī,
Nityā-ṣoḍaśikā-rūpā śrīkaṇṭhardha-śarīriṇī.

86. Prabhāvatī prabhārūpā prasiddhā parameśvarī,
Mūla-prakṛtir avyaktā vyaktā vyakta-svarūpiṇī.

87. Vyāpinī vividhākārā vidyāvidyā-svarūpiṇī,
Mahā-kāmeśa-nayana-kumud-āhlāda-kaumudī.

88. Bhakta-hārda-tamo-bheda-bhānumad-bhānu-santatiḥ,
Śiva-dūtī śivārādhyā śivamūrtiḥ śivaṁ-karī.

89. Śivapriyā śivaparā śiṣṭeṣṭā śiṣṭa-pūjitā,
Aprameyā sva-prakāśā mano-vācām-agocarā.

90. Cicchaktiś-cetanā-rūpā jaḍaśaktir jaḍātmikā,
Gāyatrī vyāhṛtiḥ saṁdhyā dvija-vṛnda-niṣevitā.

91. Tattvāsanā tattvamayī pañca-kośāntara-sthitā,
Niḥsīma-mahimā nitya-yauvanā mada-śālinī.

92. Mada-ghūrṇita-raktākṣī mada-pāṭala-gaṇḍa-bhūḥ,
Candana-drava-digdhāṅgī cāmpeya-kusuma-priyā.

93. Kuśalā komal-ākārā kurukullā kuleśvarī,
Kula-kuṇḍālayā kaulamārga-tatpara-sevitā.

94. Kumāra-gaṇa-nāthāmbā tuṣṭiḥ puṣṭir-matir-dhṛtiḥ,
Śāntiḥ svastimatī kāntir-nandinī vighna-nāśinī.

95. Tejovatī trinayanā lolākṣī-kāmarūpiṇī,
Mālinī haṁsinī mātā malayācala-vāsinī.

96. Sumukhī nalinī subhrūḥ śobhanā suranāyikā,
Kālakaṇṭhī kāntimatī kṣobhiṇī sūkṣma-rūpiṇī.

97. Vajreśvarī vāmadevī vayovasthā-vivarjitā,
Siddheśvarī siddha-vidyā siddha-mātā yaśasvinī.

98. Viśuddhi-cakra-nilayā "raktavarṇā trilocanā,
Khaṭvāṅgādi-praharaṇa vadanaika-samanvitā.

99. Pāyasānna-priyā tvaksthā paśuloka-bhayaṁkarī,
Amṛtādi-mahāśakti-saṁvṛtā ḍākinīśvarī.

100. Anāhatābja-nilayā śyāmābhā vadana-dvayā,
Daṁṣṭrojjvalākṣa-mālādi-dharā rudhira-saṁsthitā.

101. Kāla-rātryādi-śaktyogha-vṛtā snigdhaudana-priyā,
Mahā-vīrendra-varadā rākiṇyambā svarūpiṇī.

102. Maṇipūrābja-nilayā vadanatraya-saṁyutā,
Vajrādik-āyudhopetā ḍāmaryādibhir-āvṛtā.

103. Rakta-varṇā māṁsa-niṣṭhā guḍānna-prīta-mānasā,
Samasta-bhakta-sukhadā lākinyambā-svarūpiṇī.

104. Svādhiṣṭhānāmbuja-gatā catur-vaktra-manoharā,
Śūlādy-āyudha-saṁpannā pītavarṇāti-garvitā.

105. Medo-niṣṭhā madhu-prītā bandhinyādi-samanvitā,
Dadhyan-nāsakta-hṛdayā kākinī-rūpa-dhāriṇī.

106. Mūlādhārāmbujā-rūḍhā pañca-vaktrāsthi-saṁsthita,
Aṅkuśādi-praharaṇā varadādi-niṣevitā.

107. Mudgaudanāsakta-cittā sākinyambā-svarūpiṇī,
Ājñā-cakrābja-nilayā śukla-varṇā ṣaḍ-ānanā.

108. Majjā-saṁsthā haṁsavatī-mukhya-śakti-samanvitā,
Haridrān-naika-rasikā hākinī-rūpa-dhāriṇī.

109. Sahasra-dala padmasthā sarva-varṇopa-śobhitā,
Sarvāyudha-dharā śukla-saṁsthitā sarvatomukhī.

110. Sarvaudana-prīta-cittā yākinyambā-svarūpiṇī,
Svāhā svadhā'matir medhā śruti-smṛti-ranuttamā.

111. Puṇya-kīrtiḥ puṇya-labhyā puṇya-śravaṇa-kīrtanā,
Pulomajārcitā bandha-mocanī barbarālakā.

112. Vimarśa-rūpiṇī vidyā viyad-ādi-jagat-prasūḥ,
Sarva-vyādhi-praśamanī sarva-mṛtyu-nivāriṇī.

113. Agragaṇyācintya-rūpā kali-kalmaṣa-nāśinī,
Kātyāyanī kālahantrī kamalākṣa-niṣevitā.

114. Tāmbūla-pūrita-mukhī dāḍimī-kusuma-prabhā,
Mṛgākṣī mohinī mukhyā mṛḍānī mitra-rūpiṇī.

115. Nitya-tṛptā bhakta-nidhir niyantrī nikhileśvarī,
Maitryādi-vāsanālabhyā mahā-pralaya-sākṣiṇī.

116. Parāśaktiḥ parāniṣṭhā prajñāna-ghana-rūpiṇī,
Mādhvī-pānālasā mattā mātṛkā-varṇa-rūpiṇī.

117. Mahākailāsa-nilayā mṛṇāla-mṛdu-dorlatā,
Mahanīyā dayāmūrtir-mahā-sāmrājya-śālinī.

118. Ātmavidyā Mahāvidyā Śrīvidyā kāma-sevitā,
Śrī-ṣoḍaśākṣarī-vidyā trikūṭā kāma-koṭikā.

119. Kaṭākṣa-kiṅkarī-bhūta-kamalā-koṭi-sevitā,
Śiraḥsthitā candra-nibhā bhālasthendra-dhanuḥ-prabhā.

120. Hṛdayasthā ravi-prakhyā trikoṇāntara-dīpikā,
Dākṣāyaṇī daitya-hantrī dakṣa-yajña-vināśinī.

121. Darāndolita-dīrghākṣī dara-hāsojjvalan-mukhī,
Guru-mūrtir-guṇanidhir gomātā guha-janma-bhūḥ.

122. Deveśī daṇḍa-nītisthā daharākāśa-rūpiṇī,
Pratipan-mukhya-rākānta-tithi-maṇḍala-pūjitā.

123. Kalātmikā kalā-nāthā kāvyālāpa-vimodinī,
Sacāmara-ramā-vāṇī-savya-dakṣiṇa-sevitā.

124. Ādiśaktir-ameyātmā paramā pāvanākṛtiḥ,
Aneka-koṭi-brahmāṇḍa-jananī divya-vigrahā.

125. Klīṁkārī kevalā guhyā kaivalya-pada-dāyinī,
Tripurā trijagad-vandyā trimūrtis tridaśeśvarī.

126. Tryakṣarī divya-gandhāḍhyā sindūra-tilakāñcitā,
Umā śailendra-tanayā gaurī gandharva-sevitā.

127. Viśva-garbhā svarṇa-garbhā varadā vāg-adhīśvarī,
Dhyānagamyāparicchedyā jñānadā jñāna-vigrahā.

128. Sarva-vedānta-saṁvedyā satyānanda-svarūpiṇī,
Lopā-mudrārcitā līlākḷpta-brahmāṇḍa-maṇḍalā.

129. Adṛśyā dṛśya-rahitā vijñātrī vedya-varjitā,
Yoginī yogadā yogyā yogānandā yugandharā.

130. Icchāśakti-jñānaśakti-kriyāśakti-savrūpiṇī,
Sarvādhārā supratiṣṭhā sad-asad-rūpa-dhāriṇī.

131. Aṣṭamūrtir ajājetrī lokayātrā-vidhāyinī,
Ekākinī bhūmarūpā nirdvaitā dvaita-varjitā.

132. Annadā vasudā vṛddhā brahmātmaikya-svarūpiṇī,
Bṛhatī brāhmaṇī brāhmī brahmānandā balipriyā.

133. Bhāṣārūpā bṛhat-senā bhāv-ābhāva-vivarjitā,
Sukhārādhyā śubhakarī śobhanā-sulabhā-gatiḥ.

134. Rāja-rājeśvarī rājya-dāyinī rājya-vallabhā,
Rājat-kṛpā rāja-pīṭha-niveśita-nijāśritā.

135. Rājya-lakṣmīḥ kośanāthā caturaṅga-baleśvarī,
Sāmrājya-dāyinī satya-sandhā sāgara-mekhalā.

136. Dīkṣitā daitya-śamanī sarva-loka-vaśaṁkarī,
Sarvārtha-dātrī sāvitrī sac-cidānanda-rūpiṇī.

137. Deśa-kālāparic-chinnā sarvagā sarva-mohinī,
Sarasvatī śāstramayī guhāmbā guhyarūpiṇī.

138. Sarvopādhī-vinirmuktā sadāśiva-pativratā,
Saṁpradāyeśvarī sādhvī guru-maṇḍala-rūpiṇī.

139. Kulottīrṇā bhagārādhyā māyā madhumatī mahī,
Gaṇāmbā guhya-kārādhyā komalāṅgī gurupriyā.

140. Svatantrā sarva-tantreśī dakṣiṇā-mūrti-rūpiṇī,
Sanakādi-samārādhyā śivajñāna-pradāyinī.

141. Citkalā "nanda-kalikā premarūpā priyaṁkarī,
Nāma-pārāyaṇa-prītā nandividyā naṭeśvarī.

142. Mithyā jagad-adhiṣṭhānā muktidā muktirūpiṇī,
Lāsya-priyā layakarī lajjā rambhādi-vanditā.

143. Bhava-dāva-sudhā-vṛṣṭiḥ pāpā-raṇya-davānalā,
Daur-bhāgya-tūla-vātūlā jarā-dhvānta-raviprabhā.

144. Bhāgyābdhi-candrikā bhakta-citta-keki-ghanā-ghanā,
Roga-parvata-dambholir-mṛtyu-dāru-kuṭhārikā.

145. Maheśvarī Mahākālī mahā-grāsā mahāśanā,
Aparṇā Caṇḍikā caṇḍa-muṇḍāsura-niṣūdinī.

146. Kṣarā-kṣarātmikā sarva-lokeśī viśva-dhāriṇī,
Trivarga-dātrī subhagā tryambakā triguṇātmikā.

147. Svargā-pavargadā śuddhā japā-puṣpa-nibhākṛtiḥ,
Ojovatī dyuti-dharā yajña-rūpā priyavratā.

148. Durārādhyā durādharṣā pāṭalī-kusuma-priyā,
Mahatī meru-nilayā mandāra-kusuma-priyā.

149. Vīrārādhyā virāḍ-rūpā virajā viśvato-mukhī,
Pratyag-rūpā parākāśā prāṇadā prāṇa-rūpiṇī.

150. Mārtaṇḍa-bhairavārādhyā mantriṇī-nyasta-rājya-dhūḥ,
Tripureśī jayatsenā nistraiguṇyā parāparā.

151. Satyajñān-ānanda-rūpā sāmarasya parāyaṇā,
Kapardinī kalāmālā kāmadhuk-kāma-rūpiṇī.

152. Kalā-nidhiḥ kāvya-kalā rasajñā rasa-śevadhiḥ,
Puṣṭā purātanā pūjyā puṣkarā puṣkarekṣaṇa.

153. Paraṁ-jyotiḥ paraṁ-dhāma paramāṇuḥ parāt-parā,
Pāśa-hastā pāśa-hantrī para-mantra-vibhedinī.

154. Mūrtā 'mūrtā 'nitya-tṛptā muni-mānasa-haṁsikā,
Satyavratā satyarūpā sarvāntaryāmiṇī satī.

155. Brahmāṇī brahma-jananī bahu-rūpā budhārcitā,
Prasavitrī pracaṇḍājñā pratiṣṭhā prakaṭā-kṛtiḥ.

156. Prāṇeśvarī prāṇa-dātrī pañcāśat-pīṭha-rūpiṇī,
Viśṛṅkhalā viviktasthā vīra-mātā viyat-prasūḥ.

157. Mukundā mukti-nilayā mūla-vigraha-rūpiṇī,
Bhāvajñā bhava-rogaghnī bhava-cakra-pravartinī.

158. Chandaḥ-sārā śāstra-sārā mantra-sārā talodarī,
Udāra-kīrtir uddāma-vaibhavā varṇarūpiṇī.

159. Janma-mṛtyu-jarā-tapta-jana-viśrānti-dāyinī,
Sarvopaniṣad-udghuṣṭā śāntyatīta-kalātmikā.

160. Gaṁbhīrā gaganāntasthā garvitā gānalolupā,
Kalpanā-rahitā kāṣṭhā 'kāntā kāntārdha-vigrahā.

161. Kārya-kāraṇa nirmuktā kāmakeli-taraṅgitā,
Kanat-kanaka-tāṭaṅkā līlā-vigraha-dhāriṇī.

162. Ajā kṣaya-vinirmuktā mugdhā kṣipra-prasādinī,
Antar-mukha-samārādhyā bahir-mukha-sudurlabhā.

163. Trayī trivarga-nilayā tristhā tripura-mālinī,
Nirāmayā nirālambā svātmā-rāmā sudhāsṛtiḥ.

164. Saṁsāra-paṅka-nirmagna-samuddharaṇa-paṇḍitā,
Yajñapriyā yajñakartrī yajamāna-svarūpiṇī.

165. Dharmādhārā dhanādhyakṣā dhana-dhānya-vivardhinī,
Vipra-priyā vipra-rūpā viśva-bhramaṇa-kāriṇī.

166. Viśva-grāsā vidrumābhā Vaiṣṇavī viṣṇu-rūpiṇī,
Ayonir yoni-nilayā kūṭasthā kularūpiṇī.

167. Vīragoṣṭhī-priyā vīrā naiṣkarmyā nādarūpiṇī,
Vijñāna-kalanā kalyā vidagdhā baindavāsanā.

168. Tattvādhikā tattva-mayī tattvamartha-svarūpiṇī,
Sāmagāna-priyā somyā sadāśiva-kuṭumbinī.

169. Savyāpasavya-mārgasthā sarvāpad-vinivāriṇī,
Svasthā svabhāva-madhurā dhīrā dhīra-samarcitā.

170. Caitanyārghya-samārādhyā caitanya-kusuma-priyā,
Sad-oditā sadā-tuṣṭā taruṇāditya-pāṭalā.

171. Dakṣiṇā-dakṣiṇārādhyā darasmera-mukhāmbujā,
Kaulinī-kevalā 'narghya kaivalya-pada-dāyinī.

172. Stotra-priyā stutimatī śruti-saṁstuta-vaibhavā,
Manasvinī mānavatī maheśī maṅgalākṛtiḥ.

173. Viśvamātā jagad-dhātrī viśalākṣī virāgiṇī,
Pragalbhā paramodārā parāmodā manomayī.

174. Vyomakeśī vimānasthā vajriṇī vāmakeśvarī,
Pañca-yajña-priyā pañca-preta-mañcādhi-śāyinī.

175. Pañcamī pañcabhūteśī pañca-saṅkhyopacāriṇī,
Śāśvatī śāśvat-aiśvaryā śarmadā śaṁbhu-mohinī.

176. Dharā-dhara-sutā dhanyā dharmiṇī dharma-vardhinī,
Lokātītā guṇātītā sarvātītā śamātmikā.

177. Bandhūka-kusuma-prakhyā bālā līlā-vinodinī,
Sumaṅgalī sukhakarī suveṣāḍhyā suvāsinī.

178. Suvāsinyarcana-prītā śobhanā śuddha-mānasā,
Bindu-tarpaṇa-santuṣṭā pūrvajā tripurāmbikā.

179. Daśamudrā-samārādhyā tripurāśrī-vaśaṁkarī,
Jñāna-mudrā jñāna-gamyā jñana-jñeya-svarūpiṇī.

180. Yonimudrā trikhaṇḍeśī triguṇāmbā trikoṇagā,
Anaghā 'dbhuta-cāritrā vāñchitārtha-pradāyinī.

181. Abhyās-ātiśaya-jñātā ṣaḍadhvātīta-rūpiṇī,
Avyāja-karuṇā-mūrtir ajñāna-dhvānta-dīpikā.

182. Ābāla-gopa-viditā sarvānullaṅghya-śāsanā,
Śrī-Cakrarāja-nilayā śrīmat-tripura-sundarī.

Śrī-śivā śiva-śaktyaikya-rūpiṇī Lalitā'mbikā.

(Iti śri Brahmāṇḍapurāṇe Uttarakhaṇḍe śri Hayagrīvāgastya saṁvāde śri Lalitāsahasranāma stotra-kathanaṁ saṁpūrṇam)

ŚRĪ LALITĀ-SAHASRA-NĀMĀVALIḤ

1. **Om Śrī-mātre namaḥ**
Salutations to the Divine Mother, who is the Mother of all.

2. **Om Śrī-mahā-rājñyai namaḥ**
Salutations to the great Empress of the whole Universe.

3. **Om Śrīmat-siṁhāsaneśvaryai namaḥ**
Salutations to the Sovereign enthroned on the lion's back.

4. **Om Cid-agni-kuṇḍa-sambhūtāyai namaḥ**
Salutations to Her who is born from the altar of fire of Consciousness.

5. **Om Deva-kārya-samudyatāyai namaḥ**
Salutations to Her who manifests to carry out the divine work.

6. **Om Udyad-bhānu-sahasrābhāyai namaḥ**
Salutations to Her who is as bright as thousands of rising suns.

7. **Om Catur-bāhu-samanvitāyai namaḥ**
Salutations to the Goddess endowed with four arms.

8. **Om Rāga-svarūpa-pāśāḍhyāyai namaḥ**
Salutations to Her who holds the noose of Desire (in Her lower left hand).

9. **Om Krodhā-kārāṅkuśojjvalāyai namaḥ**
Salutations to Her who holds the shining Aṅkuśa (elephant-hook) of both wrath and worldly knowledge (in Her lower right hand).

10. **Om Mano-rūpekṣu-kodaṇḍāyai namaḥ**
Salutations to Her who is armed (in her upper left hand) with a sugarcane bow of mind.

11. **Om Pañca-tanmātra-sāyakāyai namaḥ**
Salutations to Her who holds five arrows of the five subtle elements (tanmātrās).

12. **Om Nijāruṇa-prabhā-pūra-majjad-brahmāṇḍa-maṇḍalāyai namaḥ**
Salutations to Her who bathes the whole Universe in her red effulgence.

13. **Om Campakāśoka-punnāga-saugandhika-lasat-kacāyai namaḥ**
Salutations to Her whose hair adorned with flowers like Campalka, Aśoka and Punnāga, and gives the flowers their fragrance.

14. **Om Kuruvinda-maṇi-śreṇī-kanat-koṭīra-maṇḍitāyai namaḥ**
Salutations to Her whose crown is studded with rows of bright Kuruvinda gems (rubies).

15. **Om Aṣṭamī-candra-vibhrāja-dalika-sthala-śobhitāyai namaḥ**
Salutations to Her whose forehead is bright as the crescent moon on the eighth (lunar) day.

16. **Om Mukha-candra kalaṅkābha mṛganābhi-viśeṣakāyai namaḥ**

Salutations to Her whose moon-like face is distinguished by the Kastūri Tilaka on the forehead like the spot in the moon.

17. **Om Vadana-smara-māṅgalya-gṛha-toraṇa-cillikāyai namaḥ**
Salutations to Her whose eyebrows are like entrance arches to the palace of Kāmarāja (Cupid).

18. **Om Vaktra-lakṣmī-parīvāha-calan-mīnābha-locanāyai namaḥ**
Salutations to Her whose eyes are like fish playing in the stream of the beauty that flow from Her face.

19. **Om Nava-campaka-puṣpābha-nāsā-daṇḍa-virā-jitāyai namaḥ**
Salutations to Her whose beautiful nose is like a freshly bloomed Campaka bud.

20. **Om Tārā-kānti-tiraskāri-nāsābharaṇa-bhāsurāyai namaḥ**
Salutations to Her with a jewel ring set in her nose that outshines the stars.

21. **Om Kadamba-mañjarī-kḷpta-karṇapūra-manoharāyai namaḥ**
Salutations to Her whose ears are decked with a bunch of the Kadamba flowers.

22. **Om Tāṭaṅka-yugalī-bhūta-tapanoḍupa-maṇḍalāyai namaḥ**
Salutations to Her who wears the orbs of the sun and the moon as earrings.

23. **Om Padma-rāga-śilādarśa-paribhāvi kapola-bhuve namaḥ**

Salutations to Her whose cheeks surpass the brightness of the ruby Padmarāga.

24. **Om Nava-vidruma-bimba-śrī-nyakkāri-radana-cchadāyai namaḥ**
Salutations to Her whose lips put to shame the redness of fresh corals and bimba fruit.

25. **Om Śuddha-vidyāṅkurākāra-dvija-paṅkti-dvayojjvalāyai namaḥ**
Salutations to Her whose two rows of teeth shine as the emergence of pure Knowledge (Śuddha Vidyā). (Śuddha-vidyā is the knowledge where understanding of the identity of 'I' and 'this' emerges).

26. **Om Karpūra-vīṭikāmoda-samākarṣi-digantarāyai namaḥ**
Salutations to Her, who chews a rolled betel leaf, while the fragrance of the camphor in that roll spreads in all directions.

27. **Om Nija-saṅlāpa-mādhurya-vinir-bhartsita-kacchapyai namaḥ**
Salutations to Her whose sweetness of speech surpasses the melody of Kacchapi (Veeṇa of Saraswatī).

28. **Om Manda-smita-prabhā-pūra-majjat-kāmeśa-mānasāyai namaḥ**
Salutations to Her the glory of whose smile drowns the mind of Kāmeśwara, her Consort.

29. **Om Anākalita-sādṛśya-cibuka-śrī-virājitāyai namaḥ**
Salutations to Her whose beautiful chin is incomparable.

30. **Om Kāmeśa-baddha-māṅgalya-sūtra-śobhita-kandharāyai namaḥ**
Salutations to Her who is adorned with the Maṅgalasūtra (marriage thread) tied by Her consort Kāmeśwara around her neck.

31. **Om Kanakāṅgada-keyūra-kamanīya-bhujānvitāyai namaḥ**
Salutations to Her whose arms are encircled with gold ornaments.

32. **Om Ratna-graiveya-cintāka-lola-muktāphalānvitāyai namaḥ**
Salutations to Her who wears a necklace of gems and gold with a dangling pearl.

33. **Om Kāmeśvara-prema-ratna-maṇi-pratipaṇa-stanyai namaḥ**
Salutations to Her whose breasts are the price offered to Her Consort (Maheśvara) for the gem of His love.

34. **Om Nābhyālavāla-romāli-latā-phala-kuca-dvayyai namaḥ**
Salutations to Her who has these breasts like the two fruits on the fine hair creeper that rises from Her navel.

35. **Om Lakṣya-roma-latā-dhāratā-samunneya-madhyamāyai namaḥ**
Salutations to Her who has a waist that just about supports the fine hair creeper rising from her navel.

36. **Om Stana-bhāra-dalan-madhya-paṭṭa-bandha-vali-trayāyai namaḥ**

Salutations to Her whose golden belt supports the waist that bends under the weight of Her breasts, and shows the three folds of Her abdomen.

37. **Om Aruṇāruṇa-kausumbha-vastra-bhāsvat-kaṭī-taṭyai namaḥ**
Salutations to Her who wears a deep red garment round Her waist.

38. **Om Ratna-kiṅkiṇikāramya-raśanā-dāma-bhūṣitāyai namaḥ**
Salutations to Her who is adorned with a belt with jewel bells.

39. **Om Kāmeśa-jñāta-saubhāgya-mārdavoru-dvayānvitāyai namaḥ**
Salutations to Her the symmetry and softness of whose thighs are known only to Her consort, Kameśa, the Conqueror of Love.

40. **Om Māṇikya-mukuṭākāra jānu-dvaya-virājitāyai namaḥ**
Salutations to Her whose knees shine like ruby crowns.

41. **Om Indra-gopa-parikṣipta-smara-tūṇābha-jaṅghikāyai namaḥ**
Salutations to Her whose calves are like the sapphire studded quiver of the God of love.

42. **Om Gūḍha-gulphāyai namaḥ**
Salutations to Her who has hidden ankles.

43. **Om Kūrma-pṛṣṭha-jayiṣṇu-prapadānvitāyai namaḥ**
Salutations to Her who has the instep arched rivaling the back of a tortoise.

44. **Om Nakha-dīdhiti-saṁchanna-namajjana-tamo-guṇāyai namaḥ**
Salutations to Her, bright rays from whose nails dispel the darkness of Her worshippers.

45. **Om Pada-dvaya-prabhā-jāla-parākṛta-saroruhāyai namaḥ**
Salutations to Her, whose feet by their beauty surpass the lotus.

46. **Om Siñjāna -maṇi-mañjīra-maṇḍita-śrīpadāmbujāyai namaḥ**
Salutations to Her whose lotus feet are adorned with tinkling jeweled anklets.

47. **Om Marāli-manda-gamanāyai namaḥ**
Salutations to Her whose gait is that of the swan.

48. **Om Mahā-lāvaṇya-śevadhaye namaḥ**
Salutations to Her who is treasure house of beauty.

49. **Om Sarvāruṇāyai namaḥ**
Salutations to Her who is rosy hued all over.

50. **Om Anavadyāṅgyai namaḥ**
Salutations to Her who has faultless limbs.

51. **Om Sarvābharaṇa-bhūṣitāyai namaḥ**
Salutations to Her who is adorned with all ornaments.

52. **Om Śiva-kāmeśvarāṅkasthāyai namaḥ**
Salutations to Her who is sitting on the lap of Śiva, the conqueror of desire.

53. **Om Śivāyai namaḥ**
Salutations to Her, who is beneficial.

54. **Om Svādhīna-vallabhāyai namaḥ**
Salutations to Her who has won over Her Lord.

55. **Om Sumeru-madhya-śṛṅga-sthāyai namaḥ**
Salutations to Her who dwells on the middle peak of Mount Meru.

56. **Om Śrīman-nagara-nāyikāyai namaḥ**
Salutations to Her who is the Ruler of the beautiful city, Śrī Cakra.

57. **Om Cintāmaṇi-gṛhānta-sthāyai namaḥ**
Salutations to Her who resides in a house of the wish fulfilling gem.

58. **Om Pañca-brahmāsana-sthitāyai namaḥ**
Salutations to Her who sits upon a seat formed by five Brahmas - Brahmā, Viṣṇu, Rudra, Iśāna and Sadāśiva.

59. **Om Mahā-padmāṭavī-saṁsthāyai namaḥ**
Salutations to Her who dwells in a lotus forest-the thousand-petalled lotus of the Sahasrāra.

60. **Om Kadamba-vana-vāsinyai namaḥ**
Salutations to Her who lives in a grove of Kadamba trees (which surround her palace of the wish fulfilling gem).

61. **Om Sudhā-sāgara-madhyasthāyai namaḥ**

Salutations to Her who lives in the center of the ocean of Nectar (which is the light of the Blissful Moon in the pericarp of the Sahasrāra).

62. **Om Kāmākṣyai namaḥ**
Salutations to Her whose eyes are lovely.

63. **Om Kāma-dāyinyai namaḥ**
Salutations to Her who grants all wishes.

64. **Om Devarṣi-gaṇa-saṁghāta-stūyamānātma-vaibhavāyai namaḥ**
Salutations to Her whose majesty is praised by the multitudes of sages and divine beings.

65. **Om Bhaṇḍāsura-vadhodyukta-śakti-senā-saman-vitāyai namaḥ**
Salutations to Her who is endowed with an army of Śaktis for destroying Bhaṇḍāsura
(Bhaṇḍāsura -Embodied soul enveloped in ignorance, Lalitāmbikā, the Self, and the Śaktis, the potencies of the Self).

66. **Om Saṁpatkarī-samārūḍha-sindhura-vraja-sevitāyai namaḥ**
Salutations to Her who is accompanied by a regiment of elephants headed by Sampatkarī.
(Ecstatic state attended by objects of sense headed by the understanding - sampatkari - that the triad knower, knowing and known are one)

67. **Om Aśvārūḍhā-dhiṣṭhitāśva-koṭi-koṭibhir-āvṛtāyai namaḥ**

Salutations to Her who is surrounded by a cavalry of crores of horses conducted by goddess Aśvārūḍhā.
(She directs endless sense-impressions in many minds simultaneously.)

68. **Om Cakra-rāja-rathārūḍha-sarvāyudha-pariṣkṛtāyai namaḥ**
Salutations to Her seated in Her chariot named Cakrarāja equipped with all armaments.
(Devī seated in Śrī-Cakra possesses all the means of attaining the knowledge of the Self: aṇavopāya, śāktopāya, śāmbhavopāya)

69. **Om Geya-cakra-rathārūḍha-mantriṇī pari-sevitāyai namaḥ**
Salutations to Her who is attended by Her minister (Deity Śyāmalā) who rides a chariot named Geyacakra.
(The one who contemplates Devī upon the important cakra obtains the power of the mantra.)

70. **Om Kiri-cakra-rathārūḍha-Daṇḍa-nāthā puras-kṛtāyai namaḥ**
Salutations to Her who is preceded by the commander Daṇḍanātha sitting in her chariot Kiri-cakra.
(Even though the seer mounted on Kiricakra - i.e. subject to the cycle of creation, maintenance and destruction, the seer is beyond the reach of the Lord of Death - Daṇḍanātha.)

71. **Om Jvālā-mālinikākṣipta-vahni-prākāra-madhya-gāyai namaḥ**
Salutations to Her who resides in the center of the fortress of fire constructed by Jvālāmālinī.
(For, (continuing 70) the seer is in the midst of fire that destroys the darkness of ignorance.)

72. **Om Bhaṇḍa-sainya-vadhodyukta-śakti-vikrama-harṣitāyai namaḥ**
Salutations to Her who rejoices at the activity of Her Śaktis preparing to destroy the army of Bhaṇḍa.
(Devī is delighted at the onset of the ideas of non-duality that destroys the ideas of duality of the fettered individual.)

73. **Om Nityā-parākramāṭopa-nirīkṣaṇa samutsukāyai namaḥ**
Salutations to Her who is delighted on seeing the aggressiveness of Her (fifteen) Nityā deities.
(She is delighted as the eternal - nityā - energies of the individual continue to increase.)

74. **Om Bhaṇḍa-putra-vadhodyukta-bālā vikrama-nanditāyai namaḥ**
Salutation to Her who is overjoyed to see the child goddess, Bālā ready to slay the sons of Bhaṇḍa.
(The Self is pleased when internal strength - Bālā - is ready to destroy the three malas - āṇava, māyīya, kārmic, the sons of Bhaṇḍa.)

75. **Om Mantriṇyambā-viracita-viṣaṅga-vadha-toṣitāyai namaḥ**
Salutations to Her who is delighted at the destruction of Viṣaṅga by Śyāmalā.
(The Self is pleased when one by merging with the power of the mantra destroys craving for the sense objects.)

76. **Om Viśukra-prāṇa-haraṇa-vārāhī-vīrya-nanditāyai namaḥ**
Salutations to Her who rejoices in the strength of Vārāhī who killed Viśukra.

(The Self is pleased when one's internal power destroys one's worldliness.)

77. **Om Kāmeśvara-mukhāloka-kalpita-śrī-gaṇeśvarāyai namaḥ**
Salutations to Her who by a mere glance at her Consort Maheśvara generates Śrī Gaṇeśa.
(Due to having personal knowledge of the Supreme Śiva without attributes the middle state (Gaṇeśa) spontaneously arises.)

78. **Om Mahā-gaṇeśa-nirbhinna-vighna-yantra-praharṣitāyai namaḥ**
Salutations to Her who is delighted when Gaṇeśa destroys the obstacle of the magic figure placed by Bhaṇḍāsura in Her march to victory.
(One attains bliss of consciousness when the middle state masters the 'Inner city of eight instruments'.)

79. **Om Bhaṇḍāsurendra-nirmukta-śastra pratyastra-varṣiṇyai namaḥ**
Salutations to Her who showers Her own missiles to destroy the missiles thrown at Her by Bhaṇḍāsura.
(The act of realizing the supreme individuality continues by destruction of modifications of nescience.)

80. **Om Karāṅguli-nakhotpanna-nārāyaṇa-daśākṛtyai namaḥ**
Salutations to Her who out of Her finger nails creates all the ten incarnations of Viṣṇu.
(She creates ten forms - five states of individual beings and five functions of the universal being - Iśvara)

81. **Om Mahā-pāśupatāstrāgni-nirdagdhā sura-sainikāyai namaḥ**
Salutations to Her who burned to death the armies of demons with the fire of the great astra (weapon) mahā-pāśupata. (The fire of Her mantra of non-duality destroys the mental modifications due to ignorance.)

82. **Om Kāmeśvarāstra-nirdagdha-sabhaṇḍāsura-śūnyakāyai namaḥ**
Salutations to Her who with the fire missiles of Kāmeśvara annihilated Bhaṇḍa and his capital Śūnyaka. (When the state of worldliness appears to the devotee as mere void is removed, the devotee remains as consciousness alone.)

83. **Om Brahmopendra-mahendrādi-deva-saṁstuta-vaibhavāyai namaḥ**
Salutations to Her whose supreme power (displayed in the fight with Bhaṇḍa) are praised by Brahmā, Viṣṇu and Indra. (They realized in themselves Omnipresence of the Self.)

84. **Om Hara-netrāgni-saṁdagdha-kāma-sañjīvanauṣadhyai namaḥ**
Salutations to Her, who was the life giving medicine, that revived the god of love (Kāma-deva) who had been burnt to death by the fire of Śiva's eyes. (The emobodied soul attains his own divine nature losing body-identification through Her worship as Vidyā - knowledge.)

85. **Om Śrīmad-vāgbhava-kūṭaika-svarūpa-mukha-paṅkajāyai namaḥ**

Salutations to Her whose lotus face represents the Vāgbhava group of the pañca-daśākṣarī-mantra which is the subtle form of the Devī.
(Devī's subtle form inseparable from her physical form is a fifteen syllabled mantra. Her face is five syllables - powers of conferring wisdom, of attainment of the power of speech)

86. **Om Kaṇṭhādhaḥ-kaṭi-paryanta-madhya-kūṭa-svarūpiṇyai namaḥ**
Salutations to Her from the throat to the waist is represented by the central part, Kāmarāja-Kūṭa, mantra of six syllables. (Desire to create the Universe resides in Her heart.)

87. **Om Śakti-kūṭaikatāpanna-kaṭyadho-bhāga-dhāriṇyai namaḥ**
Salutations to Her whose form below waist is identical with the last part (Śakti-Kūṭa) of Pañca-daśākṣarī Mantra. (The lower part consisting of six syllables is the śakti of the wise.)

88. **Om Mūla-mantrātmikāyai namaḥ**
Salutations to Her who is the original Pañca-daśākṣarī (fifteen syllabled) Mantra itself.

89. **Om Mūla-kūṭa-traya-kalevarāyai namaḥ**
Salutations to Her Whose body is formed of the (above) three divisions of the Pañca-daśākṣarī Mantra.

90. **Om Kulāmṛtaika-rasikāyai namaḥ**
Salutations to Her who (as the Kuḍalinī) revels in the nectar flowing from the Sahasrāra through the whole of the Kula path (the Suṣumnā).

91. **Om Kula-saṁketa-pālinyai namaḥ**
Salutations to Her who protects the secret doctrine of the Kaulas (worshippers of Kuḍalinī).
(She never reveals the secrets of the cakras, mantra and worship to the ignorant.)

92. **Om Kulāṅganāyai namaḥ**
Salutations to Her who is the Female Element (Kuḍalinī) in the Kula Path.
(She is protected by the veil of ignorance.)

93. **Om Kulāntasthāyai namaḥ**
Salutations to Her who is the innermost Reality of the Kula Path.

94. **Om Kaulinyai namaḥ**
Salutations to Her who is called Kaulinī, the core of the Kaula form of worship.
(She is the essence of union of both Śiva and Śakti.)

95. **Om Kula-yoginyai namaḥ**
Salutations to Her who is the Deity of the Kaulas.

96. **Om Akulāyai namaḥ**
Salutations to Her who is also the Akula (Śiva) who is in the thousand-petalled lotus above the Kula Path.

97. **Om Samayāntasthāyai namaḥ**
Salutations to Her who is likewise the center of the Samaya doctrine (in which the worship is done internally through meditation and which holds Śiva-Śakti as of equal importance in all respects).

98. **Om Samayācāra-tatparāyai namaḥ**
Salutations to Her to whom the Samaya tradition of worship of (Kuḍalinī) is dear.

99. **Om Mulādhāraika-nilāyayai namaḥ**
Salutations to Her whose chief residence is the Mulādhāra.

100. **Om Brahma-granthi-vibhedinyai namaḥ**
Salutations to Her who in Her ascent from the Mulādhāra penetrates into the knot called the Brahma-granthi (the Barrier of Brahmā to the subtle dimension).

101. **Om Maṇipūrāntar-uditāyai namaḥ**
Salutations to Her who then appears in the Maṇipūra-Cakra (the ten-petalled cakra in the navel).
(the Barrier of Viṣṇu to the subtle dimension).

102. **Om Viṣṇu-granthi-vibhedinyai namaḥ**
Salutations to Her who penetrates into the knot called Viṣṇu-granthi (located in the Maṇipūra).

103. **Om Ājñā-cakrāntarāla-sthāyai namaḥ**
Salutations to Her who abides in the center of the Ājñā-Cakra (two petalled).

104. **Om Rudra-granthi-vibhedinyai namaḥ**
Salutations to Her who penetrates into the knot called the Rudra-granthi
(the Barrier of Śiva to the subtlest dimension).

105. **Om Sahasrārāmbujārūḍhāyai namaḥ**
Salutations to Her who ascends to the thousand-petalled

lotus known as the Sahasrāra.

106. **Om Sudhā-sārābhivarṣiṇyai namaḥ**
Salutations to Her who sends torrents of ambrosia (spiritual bliss) from the moon of the pericarp in the Sahasrāra.

107. **Om Taḍil-latā-sama-rucyai namaḥ**
Salutations to Her who dazzles as the lightning flash.

108. **Om Ṣaṭ-cakropari-saṁsthitāyai namaḥ**
Salutations to Her who resides above the six cakras.

109. **Om Mahā-saktyai namaḥ**
Salutations to Her whose immense joy consists in Āsakti (union with śiva).

110. **Om Kuṇḍalinyai namaḥ**
Salutations to Her who resides in the Mūlādhāra as the kuṇḍalinī (the coiled power).

111. **Om Bisa-tantu-tanīyasyai namaḥ**
Salutations to Her who is as fine as the fiber of a lotus stalk.

112. **Om Bhavānyai namaḥ**
Salutations to Her who is Bhavānī, the consort of Bhava (Śiva).

113. **Om Bhāvanā-gamyāyai namaḥ**
Salutations to Her who is attained by meditation.

114. **Om Bhavāraṇya-kuṭhārikāyai namaḥ**
Salutations to Her who is verily like an axe for clearing the

jungle of Saṁsāra (transmigratory existence) in which the embodied individual is caught.

115. **Om Bhadra-priyāyai namaḥ**
Salutations to Her who is delighted in benevolence.

116. **Om Bhadra-mūrtaye namaḥ**
Salutations to Her who is the embodiment of benevolent appearance.

117. **Om Bhakta-saubhāgya-dāyinyai namaḥ**
Salutations to Her who confers prosperity on the devotees, both in the spiritual and the material fields.

118. **Om Bhakti-priyāyai namaḥ**
Salutations to Her who is fond of devotion.

119. **Om Bhakti-gamyāyai namaḥ**
Salutations to Her who is attained through devotion.

120. **Om Bhakti-vaśyāyai namaḥ**
Salutations to Her who can be controlled by devotion.

121. **Om Bhayāpahāyai namaḥ**
Salutations to Her who dispels all fear.

122. **Om Śāṁbhavyai namaḥ**
Salutations to Her who is known as Śāmbhavī, the Consort of Śiva.

123. **Om Śāradārādhyāyai namaḥ**
Salutations to Her who is adored by Śāradā

(the deity of speech, Consort of Brahma).

124. **Om Śarvāṇyai namaḥ**
Salutations to Her who is the consort of Śarva or Śiva.

125. **Om Śarmadāyinyai namaḥ**
Salutations to Her who is the bestower of happiness.

126. **Om Śāṁkaryai namaḥ**
Salutations to Her who is Śaṅkarī the consort of Śiva, who is inseparable from Her.

127. **Om Śrīkaryai namaḥ**
Salutations to Her who is the spouse of Viṣṇu, who brings prosperity to devotees.

128. **Om Sādhvyai namaḥ**
Salutations to Her who is chaste (attached in the past, present and future to none but her husband).

129. **Om Śarac-candra-nibhānanāyai namaḥ**
Salutations to Her whose face like the autumnal moon.

130. **Om Śātodaryai namaḥ**
Salutations to Her who has a very slender waist.

131. **Om Śāntimatyai namaḥ**
Salutations to Her who is peaceful.

132. **Om Nirādhārāyai namaḥ**
Salutations to Her who has no support, but supports everything else.

(This also begins for next few names the formless mental worship of the absorption of the direct experience of Her as the Self.)

133. **Om Nirañjanāyai namaḥ**
Salutations to Her who is free from the impurities of māyā (illusion).

134. **Om Nirlepāyai namaḥ**
Salutations to Her who is free from all impurities of karma (arising out of actions).

135. **Om Nirmalāyai namaḥ**
Salutations to Her who is free from all impurities of aṇu (that misidentifies the non-self as the Self).

136. **Om Nityāyai namaḥ**
Salutations to Her who is eternal. (indestructible).

137. **Om Nirākārāyai namaḥ**
Salutations to Her who is without form.

138. **Om Nirākulāyai namaḥ**
Salutations to Her who is never agitated.

139. **Om Nirguṇāyai namaḥ**
Salutations to Her who is without qualities (without Guṇas of Prakṛti - Sattva, Rajas and Tamas).

140. **Om Niṣkalāyai namaḥ**
Salutations to Her who is without parts.

141. **Om Śāntāyai namaḥ**
Salutations to Her who is tranquil.

142. **Om Niṣkāmāyai namaḥ**
Salutations to Her who is free from desires.

143. **Om Nir-upaplavāyai namaḥ**
Salutations to Her who is free from afflictions.

144. **Om Nitya-muktāyai namaḥ**
Salutations to Her who is ever free.

145. **Om Nirvikārāyai namaḥ**
Salutations to Her who is unchanging.

146. **Om Niṣprapañcāyai namaḥ**
Salutations to Her who is without expansion or multiplicity.

147. **Om Nirāśrayāyai namaḥ**
Salutations to Her who is bodiless
(not dependent on anything or anyone).

148. **Om Nitya-śuddhāyai namaḥ**
Salutations to Her who is ever pure.

149. **Om Nitya-buddhāyai namaḥ**
Salutations to Her who is the ever wise Consciousness.

150. **Om Nir-avadyāyai namaḥ**
Salutations to Her who is blameless.

151. **Om Nir-antarāyai namaḥ**

Salutations to Her who is compact,
(without divisions, or differences)

152. **Om Niṣ-kāraṇāyai namaḥ**
Salutations to Her who is without cause,
(as she is the first cause).

153. **Om Niṣ-kalaṅkāyai namaḥ**
Salutations to Her who is without faults.

154. **Om Nir-upādhaye namaḥ**
Salutations to Her who is without limitations.

155. **Om Nir-īśvarāyai namaḥ**
!Salutations to Her who is without a superior.

156. **Om Nīrāgāyai namaḥ**
Salutations to Her who is without passion.

157. **Om Rāga-mathanyai namaḥ**
Salutations to Her who destroys desire.

158. **Om Nir-madāyai namaḥ**
Salutations to Her who is without pride.

159. **Om Mada-nāśinyai namaḥ**
Salutations to Her who destroys pride.

160. **Om Niścintāyai namaḥ**
Salutations to Her who is without care.

161. **Om Nir-ahaṁkārāyai namaḥ**

Salutations to Her who is without egoism.

162. **Om Nir-mohāyai namaḥ**
Salutations to Her who is without distraction (illusion).

163. **Om Moha-nāśinyai namaḥ**
Salutations to Her who destroys distractions (illusions).

164. **Om Nir-mamāyai namaḥ**
Salutations to Her who is devoid of self-interest (as She includes everything in Herself).

165. **Om Mamatā-hantryai namaḥ**
Salutations to Her who destroys self-interest.

166. **Om Niṣpāpāyai namaḥ**
Salutations to Her who is without sin.

167. **Om Pāpa-nāśinyai namaḥ**
Salutations to Her who destroys sin.

168. **Om Niṣkrodhāyai namaḥ**
Salutations to Her who is without anger.

169. **Om Krodha-śamanyai namaḥ**
Salutations to Her who destroys anger.

170. **Om Nirlobhāyai namaḥ**
Salutations to Her who is without greed.

171. **Om Lobha-nāśinyai namaḥ**
Salutations to Her who destroys greed.

172. **Om Niḥsaṁśayāyai namaḥ**
Salutations to Her who has without doubt.

173. **Om Saṁśayaghnyai namaḥ**
Salutations to Her who destroys doubt.

174. **Om Nir-bhavāyai namaḥ**
Salutations to Her who is without origin.

175. **Om Bhava-nāśinyai namaḥ**
Salutations to Her who destroys the cycle of birth and death.

176. **Om Nir-vikalpāyai namaḥ**
Salutations to Her who is without false imaginings.

177. **Om Nirābādhāyai namaḥ**
Salutations to Her who is undisturbed.

178. **Om Nir-bhedāyai namaḥ**
Salutations to Her who is without difference.

179. **Om Bheda-nāśinyai namaḥ**
Salutations to Her who destroys difference.

180. **Om Nirnāśāyai namaḥ**
Salutations to Her who is imperishable.

181. **Om Mṛtyu-mathanyai namaḥ**
Salutations to Her who destroys death.

182. **Om Niṣkriyāyai namaḥ**
Salutations to Her who is without action.

183. **Om Niṣparigrahāyai namaḥ**
Salutations to Her who receives nothing, (as everything in the Universe is Hers).

184. **Om Nistulāyai namaḥ**
Salutations to Her who is incomparable.

185. **Om Nīla-cikurāyai namaḥ**
Salutations to Her whose is blue-haired.

186. **Om Nir-apāyāyai namaḥ**
Salutations to Her who is imperishable.

187. **Om Niratyayāyai namaḥ**
Salutations to Her who is transgression.

188. **Om Durlabhāyai namaḥ**
Salutations to Her who is difficult to attain.

189. **Om Durgamāyai namaḥ**
Salutations to Her who is hard to approach.

190. **Om Durgāyai namaḥ**
Salutations to Her who is difficult of access.

191. **Om Duḥkha-hantryai namaḥ**
Salutations to Her who destroys pain.

192. **Om Sukha-pradāyai namaḥ**
Salutations to Her who bestows happiness.

193. **Om Duṣṭa-dūrāyai namaḥ**

Salutations to Her who is unattainable by the wicked.

194. **Om Durācāra-śamanyai namaḥ**
Salutations to Her who puts an end to evil customs.

195. **Om Doṣa-varjitāyai namaḥ**
Salutations to Her who is devoid of faults.

196. **Om Sarvajñāyai namaḥ**
Salutations to Her who is omniscient.

197. **Om Sāndra-karuṇāyai namaḥ**
Salutations to Her who is intense compassion.

198. **Om Samānādhika-varjitāyai namaḥ**
Salutations to Her who has none equal or superior.

199. **Om Sarva-śakti-mayyai namaḥ**
Salutations to Her who possesses all powers.

200. **Om Sarva-maṅgalāyai namaḥ**
Salutations to Her who is all good fortune.

201. **Om Sad-gati-pradāyai namaḥ**
Salutations to Her who leads one along the right path (of salvation).

202. **Om Sarveśvaryai namaḥ**
Salutations to Her who is the Ruler of all.

203. **Om Sarva-mayyai namaḥ**
Salutations to Her who is all (tattvas from earth to Śiva).

204. **Om Sarva-mantra-svarūpiṇyai namaḥ**
Salutations to Her who is the essence of all mantras.

205. **Om Sarva-yantrātmikāyai namaḥ**
Salutations to Her who is the soul of all Yantras (mystic diagrams).

206. **Om Sarva-tantra-rūpāyai namaḥ**
Salutations to Her who is the spirit of all Tantras (scriptures dealing with worship).

207. **Om Manonmanyai namaḥ**
Salutations to Her who is Manonmanī, the transcendent consciousness (that arises when the triad of meditation, meditator and object of meditation becomes one).

208. **Om Māheśvaryai namaḥ**
Salutations to Her who is the Consort of Maheśvara, the Supreme Ruler of the Universe.

209. **Om Mahā-devyai namaḥ**
Salutations to Her who is the Supreme Goddess.

210. **Om Mahā-lakṣmyai namaḥ**
Salutations to Her who is Mahālakṣmī.

211. **Om Mṛḍa-priyāyai namaḥ**
Salutations to Her who is the beloved of Mṛḍa (Śiva).

212. **Om Mahā-rūpāyai namaḥ**
Salutations to Her whose form is magnificent and all-embracing.

213. **Om Mahā-pūjyāyai namaḥ**
Salutations to Her who is the most worshipful.

214. **Om Mahā-pātaka-nāśinyai namaḥ**
Salutations to Her who destroys great sins.

215. **Om Mahā-māyāyai namaḥ**
Salutations to Her who is Mahāmāyā (Supreme Power).

216. **Om Mahā-sattvāyai namaḥ**
Salutations to Her who is the great Reality (Sattva).

217. **Om Mahā-śaktyai namaḥ**
Salutations to Her who is the great Energy.

218. **Om Mahā-ratyai namaḥ**
Salutations to Her who is the great delight.

219. **Om Mahā-bhogāyai namaḥ**
Salutations to Her who is the great enjoyer.

220. **Om Mahaiśvaryāyai namaḥ**
Salutations to Her who is the great sovereignty.

221. **Om Mahā-vīryāyai namaḥ**
Salutations to Her who is the great strength.

222. **Om Mahā-balāyai namaḥ**
Salutations to Her who is the great might.

223. **Om Mahā-buddhyai namaḥ**
Salutations to Her who is the great intelligence.

224. **Om Mahā-siddhyai namaḥ**
Salutations to Her who is the great attainment.

225. **Om Mahā-yogeśvareśvaryai namaḥ**
Salutations to Her who is the object of worship for all Yogeśvaras (spiritual adepts).

226. **Om Mahā-tantrāyai namaḥ**
Salutations to Her who is the great Tantra.

227. **Om Mahā-mantrāyai namaḥ**
Salutations to Her who is the great Mantra (Srī Vidyā).

228. **Om Mahā-yantrāyai namaḥ**
Salutations to Her who is the great Yantra (Śrīyantra or Śrīcakra).

229. **Om Mahāsanāyai namaḥ**
Salutations to Her who is seated on the great seat (indwells the thirty-six Tattvas).

230. **Om Mahā-yāga-kramārādhyāyai namaḥ**
Salutations to Her who is adored by Mahā-yāga (supreme Sacrifice).

231. **Om Mahā-bhairava-pūjitāyai namaḥ**
Salutations to Her who is worshipped by Mahābhairavā (Śiva).

232. **Om Maheśvara-mahā-kalpa mahā-tāṇḍava sākṣiṇyai namaḥ**
Salutations to Her who is the witness of the great cosmic

destructive dance of Maheśvara at the end of the creative cycle.

233. **Om Mahā-kāmeśa-mahiṣyai namaḥ**
Salutations to Her who is the consort of the great Lord of desire (Mahā-kāmeśa).

234. **Om Mahā-tripura-sundaryai namaḥ**
Salutations to Her who is the great Tripura-sundarī.

235. **Om Catuḥ-ṣaṣṭyupacārāḍhyāyai namaḥ**
Salutations to Her who is worshipped with sixty-four ingredients (Upacāras).

236. **Om Catuḥ-ṣaṣti-kalā-mayyai namaḥ**
Salutations to Her who embodies the sixty-four fine art forms.

237. **Om Mahā-catuḥ-ṣaṣṭi-koṭi-yoginī-gaṇa-sevitāyai namaḥ**
Salutations to Her who is attended by the great sixty-four crores of Yoginis.

238. **Om Manu-vidyāyai namaḥ**
Salutations to Her who is the subject of Manuvidyā (Śrīvidyā having twelve traditional authorities headed by Manu).

239. **Om Candra-vidyāyai namaḥ**
Salutations to Her who is the subject of Candravidyā (the same Śrīvidyā as practised by Chandra, one of the twelve authorities).

240. **Om Candra-maṇḍala-madhyagāyai namaḥ**
Salutations to Her who resides in the centre of the moon's disc (the pericarp of the Sahasrāra).

241. **Om Cāru-rūpayai namaḥ**
Salutations to Her who is an exquisite beauty.

242. **Om Cāru-hāsāyai namaḥ**
Salutations to Her who has a beautiful smile.

243. **Om Cāru-candra-kalā-dharāyai namaḥ**
Salutations to Her who wears a beautiful crescent moon in Her crown.

244. **Om Carācara-jagan-nāthāyai namaḥ**
alutations to Her who is the Ruler of the sentient and insentient.

245. **Om Cakra-rāja-niketanāyai namaḥ**
Salutations to Her who abides in the Cakra-rāja or Śrī-Cakra.

246. **Om Pārvatyai namaḥ**
Salutations to Her who is Pārvatī, the daughter of the Himālayās.

247. **Om Padma-nayanāyai namaḥ**
Salutations to Her whose eyes are like a lotus.

248. **Om Padma-rāga-sama-prabhāyai namaḥ**
Salutations to Her who shines like a ruby.

249. **Om Pañca-pretāsan-āsīnāyai namaḥ**
Salutations to Her who is seated on a seat of the five corpses (mentioned below).

250. **Om Pañca-brahma-svarūpiṇyai namaḥ**
Salutations to Her. The five Brahmas (Brahmā, Viṣṇu, Rudra, Iśvara and Sadāśiva) are Her form.

251. **Om Cinmayyai namaḥ**
Salutations to Her who is Consciousness.

252. **Om Paramānandāyai namaḥ**
Salutations to Her who is Supreme Bliss.

253. **Om Vijñāna-ghana-rūpiṇyai namaḥ**
Salutations to Her who is the essence of wisdom.

254. **Om Dhyāna-dhyātṛ-dhyeya-rūpāyai namaḥ**
Salutations to Her who is meditation, the meditator and the object of meditation.

255. **Om Dharmādharma-vivarjitāyai namaḥ**
Salutations to Her who devoid of virtue and vice.

256. **Om Viśva-rūpāyai namaḥ**
Salutations to Her whose form is the whole world perceived in the waking state.

257. **Om Jāgariṇyai namaḥ**
Salutations to Her who is the waking state.

258. **Om Svapantyai namaḥ**

Salutations to Her who is the dream state.

259. **Om Taijasātmikāyai namaḥ**
Salutations to Her who is the nature of Taijasā, the Jīvas (embodied individuals) experiencing the dream state.

260. **Om Suptāyai namaḥ**
Salutations to Her who is the state of deep sleep.

261. **Om Prājñātmikāyai namaḥ**
Salutations to Her who is the nature of prājña, the Jīvas experiencing the deep sleep state.

262. **Om Turyāyai namaḥ**
Salutations to Her who is the Turīya which transcends all states.

263. **Om Sarvāvasthāvivarjitāyai namaḥ**
Salutations to Her who is devoid of all states.

264. **Om Sṛṣṭi-kartryai namaḥ**
Salutations to Her who is the cause of creation.

265. **Om Brahma-rūpāyai namaḥ**
Salutations to Her who has taken the form of Brahmā for creation.

266. **Om Goptryai namaḥ**
Salutations to Her whose function is protection.

267. **Om Govinda-rūpiṇyai namaḥ**
Salutations to Her who has taken the form of Govinda

(Viṣṇu) for this purpose.

268. **Om Saṁhāriṇyai namaḥ**
Salutations to Her whose function is to destroy the Universe.

269. **Om Rudra-rūpāyai namaḥ**
Salutations to Her who takes the form of Rudra for this purpose.

270. **Om Tirodhāna-karyai namaḥ**
Salutations to Her whose function is concealing Her nature (due to which wrong identification comes and bondage occurs).

271. **Om Īśvaryai namaḥ**
Salutations to Her who is the Ruler who accomplishes this.

272. **Om Sadā-śivāyai namaḥ**
Salutations to Her who is Sadāśivā.

273. **Om Anugraha-dāyai namaḥ**
Salutations to Her who bestows Her grace, (makes one understand the whole process, and liberates one).

274. **Om Pañca-kṛtya-parāyaṇāyai namaḥ**
Salutations to Her who is engaged in the five functions mentioned above.
(264 to 274 are the five functions of Śiva mentioned in Kashmir Śaivism.)

275. **Om Bhānu-maṇḍala-madhyasthāyai-namaḥ**

Salutations to Her who is meditated upon as abiding in the centre of the solar orb.
(Bhānumaṇḍala is also the Anāhata Cakra.)

276. **Om Bhairavyai namaḥ**
Salutations to Her who is Bhairavī.

277. **Om Bhaga-mālinyai namaḥ**
Salutations to Her who wears the garland of prosperity.
(Bhaga - the six attributes - supremacy, righteousness, glory, beauty, omniscience and discrimination).

278. **Om Padmāsanāyai namaḥ**
Salutations to Her who is Brahmā seated in the cosmic lotus.

279. **Om Bhagavatyai namaḥ**
Salutations to Her who is Bhagavatī, the supreme goddess.

280. **Om Padma-nābha-sahodaryai namaḥ**
Salutations to Her who is the sister of Viṣṇu.

281. **Om Unmeṣa-nimiṣotpanna-vipanna-bhuvanāvalyai namaḥ**
Salutations to Her the opening of whose eyes results in creation and closing in destruction of the series of universes.

282. **Om Sahasra-śīrṣa-vadanāyai namaḥ**
Salutations to Her who has thousands of heads and faces.

283. **Om Sahasrākṣyai namaḥ**
Salutations to Her who has thousands of eyes.

284. **Om Sahasra-pade namaḥ**
Salutations to Her who has thosands of feet.

285. **Om Ābrahma-kīṭa-jananyai namaḥ**
Salutations to the mother of all from Brahmā to worm.

286. **Om Varṇāśrama-vidhāyinyai namaḥ**
Ṣalutations to Her who establishes the social divisions and orders of life.

287. **Om Nijājña-rūpa-nigamāyai namaḥ**
Salutations to Her whose commands are the Vedas.

288. **Om Puṇyāpuṇya-phala-pradāyai namaḥ**
Salutations to Her who confers the results of righteous and unrighteous actions.

289. **Om Śruti-sīmanta-sindurī-kṛta-pādābja-dhūlikāyai namaḥ**
Salutations to Her the dust of whose feet form the vermilion mark on the parting of the hair of the Vedas (having bowed at Her feet).

290. **Om Sakalāgama-saṅdoha-śukti-saṁpuṭa-mauktikāyai namaḥ**
Salutations to Her who is the priceless pearl contained in the shell casket of all the Āgamas (ritualistic scriptures).

291. **Om Puruṣārtha-pradāyai-namaḥ**
Salutations to Her who bestows the fourfold values Dharma (morality), Artha (wealth), Kāma (pleasure) and Mokṣa (liberation) of human life.

292. **Om Pūrṇāyai namaḥ**
Salutations to Her who is the fullness.

293. **Om Bhoginyai namaḥ**
Salutations to Her who is the enjoyer.

294. **Om Bhuvaneśvaryai namaḥ**
Salutations to Her who is the Ruler of the Universe.

295. **Om Ambikāyai namaḥ**
Salutations to Her who is Ambikā, the Mother of the Universe.

296. **Om Anādi-nidhanāyai namaḥ**
Salutations to Her who has neither beginning or end.

297. **Om Hari-brahmendra-sevitāyai namaḥ**
Salutations to Her who is attended by Hari, Brahmā and Indra.

298. **Om Nārāyaṇyai namaḥ**
Salutations to Her who is Nārāyanī, the counterpart of Nārāyaṇa (Viṣṇu).

299. **Om Nāda-rūpāyai namaḥ**
Salutations to Her who is in the form of Nāda (cosmic sound).

300. **Om Nāma-rūpa-vivarjitāyai namaḥ**
Salutations to Her who transcends name and form.

301. **Om Hrīṁ-kāryai namaḥ**

Salutations to Her who is seed-syllable (Bījākṣara) Hrīm. (ha - space - indicates the manifestation, ra - fire - involution, i - perfection, ṁ - nasal sound - controlling the three. Also means Bhuvaneśvarī bīja - the root cause that creates, sustains and dissolves the Universe).

302. **Om Hrīmatyai namaḥ**
Salutations to Her who is endowed with modesty (and mind, satisfaction, desire, nourishment).

303. **Om Hṛdyāyai namaḥ**
Salutations to Her who dwells in the heart and gives delight.

304. **Om Heyopādeya-varjitāyai namaḥ**
Salutations to Her who has nothing to reject or to accept.

305. **Om Rāja-rājārcitāyai namaḥ**
Salutations to Her who is Kubera, the lord of wealth.

306. **Om Rājñyai namaḥ**
Salutations to Her who is the Queen.

307. **Om Ramyāyai namaḥ**
Salutations to Her who is the beautiful one.

308. **Om Rājīva-locanāyai namaḥ**
Salutations to Her whose eyes are lotus-like.

309. **Om Rañjanyai namaḥ**
Salutations to Her who is delighting.

310. **Om Ramaṇyai namaḥ**
Salutations to Her who gladdens, (who is laughing, playing and rejoicing).

311. **Om Rasyāyai namaḥ**
Salutations to Her who is the essence of all things we enjoy.

312. **Om Raṇat-kiṅkiṇi-mekhalāyai namaḥ**
Salutations to Her who wears a girdle of tinkling bells.

313. **Om Ramāyai namaḥ**
Salutations to Her who is Ramā (Lakṣmī).

314. **Om Rākendu-vadanāyai namaḥ**
Salutations to Her whose face is like the full moon.

315. **Om Rati-rūpāyai namaḥ**
Salutations to Her whose form is like that of Rati, the wife of Kāmadeva (god of love).

316. **Om Rati-priyāyai namaḥ**
Salutations to Her who is dear to Rati.

317. **Om Rakṣā-karyai namaḥ**
Salutations to Her who is the protector.

318. **Om Rākṣasa-ghnyai namaḥ**
Salutations to Her who is the slayer of Rākṣasas, the forces of evil.

319. **Om Rāmāyai namaḥ**
Salutations to Her who is all that is feminine.

320. **Om Ramaṇa-lampaṭāyai namaḥ**
Salutations to Her who is devoted to Her Consort. (She makes each woman devoted to her husband.)

321. **Om Kāmyāyai namaḥ**
Salutations to Her who is to be longed for as the highest. (Attaining Her is attaining liberation.)

322. **Om Kāma-kalā-rūpāyai namaḥ**
Salutations to Her who is Kāma-kalā. (She is fulfilling desire, desirable, beautiful, restoring the body of Kāma, and destroying the body of Kāma.)

323. **Om Kadamba-kusuma-priyāyai namaḥ**
Salutations to Her who is fond of Kadamba flowers.

324. **Om Kalyāṇyai namaḥ**
Salutations to Her who is Kalyāṇī (Beneficent).

325. **Om Jagatī-kandāyai namaḥ**
Salutations to Her who is the Root of the Universe.

326. **Om Karuṇā-rasa-sāgarāyai namaḥ**
Salutations to Her who is the ocean of compassion.

327. **Om Kalāvatyai namaḥ**
Salutations to Her who is the embodiment of all arts.

328. **Om Kalālāpāyai namaḥ**
Salutations to Her whose speech itself is art. (Her speech is sweet.)

329. **Om Kāntāyai namaḥ**
Salutations to Her who is Beauty coveted by all.

330. **Om Kādambarī-priyāyai namaḥ**
Salutations to Her who is fond of mead.

331. **Om Varadāyai namaḥ**
Salutations to Her who bestows boons.

332. **Om Vāma-nayanāyai namaḥ**
Salutations to Her whose eyes are graceful.

333. **Om Vāruṇī-mada-vihvalāyai namaḥ**
Salutations to Her who is intoxicated with Vāruṇī. (Forgetting external objects, She enjoys the bliss of the Self).

334. **Om Viśvādhikāyai namaḥ**
Salutations to Her who transcends the Universe.

335. **Om Veda-vedyāyai namaḥ**
Salutations to Her who is known through the Vedas.

336. **Om Vindhyācala-nivāsinyai namaḥ**
Salutations to Her who resides in the Vindhyā Mountain.

337. **Om Vidhātryai namaḥ**
Salutations to Her who created the Universe and nourishes it.

338. **Om Veda-jananyai namaḥ**
Salutations to Her who is the mother of the Vedas.

339. **Om Viṣṇu-māyāyai namaḥ**
Salutations to Her who is Viṣṇu-māyā.
(Māyā of Viśṇu differentiates, everything into manifested and unmanifested according to the three qualities).

340. **Om Vilāsinyai namaḥ**
Salutations to Her who is playful (Lalitā)-Her play being the creation, sustentation and dissolution of the Universe.

341. **Om Kṣetra-svarūpāyai namaḥ**
Salutations to Her who is matter - the body of all creatures and inanimate objects.

342. **Om Kṣetreśyai namaḥ**
Salutations to Her who is the Ruler of matter.

343. **Om Kṣetra-kṣetrajña-pālinyai namaḥ**
Salutations to Her who the protector of matter and the knower of the matter (i.e. of both the body and the soul of the individual).

344. **Om Kṣaya-vṛddhi-vinirmuktāyai namaḥ**
Salutations to Her who is free from growth and decay.

345. **Om Kṣetra-pāla-samarcitāyai namaḥ**
Salutations to Her who is worshipped by Kṣetrapāla, the protector of the body (the Jīva).

346. **Om Vijayāyai namaḥ**
Salutations to Her who is victorious.

347. **Om Vimalāyai namaḥ**

Salutations to Her who is sacred (pure).

348. **Om Vandyāyai namaḥ**
Salutations to Her who is adorable.

349. **Om Vandāru-jana-vatsalāyai namaḥ**
Salutations to Her who is fond of Her devotees.

350. **Om Vāg-vādinyai namaḥ**
Salutations to Her who is the origin of all words. (She abides in the form of speech on the tongue of creatures.)

351. **Om Vāma-keśyai namaḥ**
Salutations to Her who has beautiful hair. (Vāmakeśa is one of the twenty-eight tantras where She is the subject.)

352. **Om Vahni-maṇḍala-vāsinyai namaḥ**
Salutations to Her who lives in the circles of fire. (She resides in the three fire-circles: the moon in the sahasrāra, the sun in the anāhata, the fire in the mulādhāra.)

353. **Om Bhaktimat-kalpa-latikāyai namaḥ**
Salutations to Her who is Kalpa creeper, the wish-fulfilling creeper that grants everything desired, to Her devotees.

354. **Om Paśu-pāśa-vimocinyai namaḥ**
Salutations to Her who releases the ignorant from bondage.

355. **Om Saṁhṛtāśeṣa-pāṣaṇḍāyai namaḥ**

Salutations to Her the destroyer of heretics - those who are averse to spiritual values.

356. **Om Sadācāra-pravartikāyai namaḥ**
Salutations to Her who inspires right action.

357. **Om Tāpa-trayāgni-saṁtapta samāhlādana-candrikāyai namaḥ**
Salutations to Her who is the moonlight delighting those who are burnt by the triple fire of misery - that are due to body, elements and deities.

358. **Om Taruṇyai namaḥ**
Salutations to Her who is ever young.

359. **Om Tāpas-ārādhyāyai namaḥ**
Salutations to Her who is worshipped by ascetics.

360. **Om Tanu-madhyāyai namaḥ**
Salutations to Her who has slender waist.

361. **Om Tamopahāyai namaḥ**
Salutations to Her who removes darkness.

362. **Om Cityai namaḥ**
Salutations to Her who is Citi.
(She is called Citi because she is the life of those who desire life. She is independent and the cause of the establishment of the Universe.)

363. **Om Tat-pada-lakṣyārthāyai namaḥ**
Salutations to Her who is denoted by the term Tat (That).

(Sameness between Brahman with and without attributes.)

364. **Om Cid-ekarasa-rūpiṇyai namaḥ**
Salutations to Her who is the one essence of Consciousness.

365. **Om Svātmānanda-lavī-bhūta-brahmādyānanda-santatyai namaḥ**
Salutations to Her a drop of whose bliss forms the total expanse of bliss of Brahmā and others.

366. **Om Parāyai namaḥ**
Salutations to Her who is Parā.
(Parā is the speech beyond the lower stages of speech known as Paśyantī, Madhyamā and Vaikharī).

367. **Om Pratyak-citī-rūpāyai namaḥ**
Salutations to Her who is in the inner consciousness (unmanifest).

368. **Om Paśyantyai namaḥ**
Salutations to Her who is Paśyantī, speech in the inaudible stage.
(speech as intuition or 'gut feeling' where the word and object an undivided whole.)

369. **Om Para-devatāyai namaḥ**
Salutations to Her who is the supreme deity.

370. **Om Madhyamāyai namaḥ**
Salutations to Her who is Madhyamā, or speech in the middle stage of its external expressions.
(speech in the stage just before verbalizing, at the thought

level where the word and object are implicitly different but the division is not pronounced.)

371. **Om Vaikharī-rūpāyai namaḥ**
Salutations to Her who is Vaikharī, the gross speech. (Vikhara - body. Vaikhari is where bodily organs are used in utterance. At this stage the word and the object are completely divided.)

372. **Om Bhakta-mānasa-haṁsikāyai namaḥ**
Salutations to Her who is the swan living in the mind-lake of Her devotees.

373. **Om Kāmeśvarạ-prāṇa-nāḍyai namaḥ**
Salutations to Her who is the life force of Her Consort Kāmeśvara.

374. **Om Kṛtajñāyai namaḥ**
Salutations to Her who knows all actions.

375. **Om Kāma-pūjitāyai namaḥ**
Salutations to Her who is worshipped by Kāma, the god of love.

376. **Om Śṛṅgāra-rasa-saṁpūrṇāyai namaḥ**
Salutations to Her who is filled with the essence of love.

377. **Om Jayāyai namaḥ**
Salutations to Her who is victorious.

378. **Om Jālandhara-sthitāyai namaḥ**
Salutations to Her who is Viṣṇumukhī at the holy shrine

of Jālandhara (or who dwells in Viśuddha Cakra).
(Jālandhara - a name of a lock in Hatha yoga).

379. **Om Oḍyāṇa-pīṭha-nilayāyai namaḥ**
Salutations to Her who resides at holy seat or Oḍyāṇa (or who dwells in the Ājñā Cakra).
(Oḍyāṇa - a name of a lock in Hatha yoga).

380. **Om Bindu-maṇḍala-vāsinyai namaḥ**
Salutations to Her who dwells in the Brahmarandhara of the individual.

381. **Om Raho-yāga-kramārādhyāyai namaḥ**
Salutations to Her who is to be worshipped in the secret by sacrificial rites.
(By performing the sacrifice of the eight oblations of good actions in the fire of cit supported by the golden Kuḍalinī and stepping into the secret, in the sahasrāra, She is to be attained.)

382. **Om Rahas-tarpaṇa-tarpitāyai namaḥ**
Salutations to Her who is gratified by the secret oblations.
(such as - "I sacrifice the Universe from earth to Śiva in the fire of consciousness ever burning without fuel, and ever increasing.")

383. **Om Sadyaḥ-prasādinyai namaḥ**
Salutations to Her who bestows Her grace immediately on being so worshipped.

384. **Om Viśva-sākṣiṇyai namaḥ**
Salutations to Her who is the witness of the Universe.

385. **Om Sākṣi-varjitāyai namaḥ**
Salutations to Her who has Herself no witness.

386. **Om Ṣaḍaṅga-devatā-yuktāyai namaḥ**
Salutations to Her who is accompanied by the deities of six limbs (heart, head, hair, eyes, armour and weapons). (She is accompanied by Śiva who presides over the six limbs - omniscience, contentment, non-original wisdom, independence, unfading power and infinity.)

387. **Om Ṣāḍguṇya-pari-pūritāyai namaḥ**
Salutations to Her who is endowed with the six qualities (prosperity, righteousness, fame, wealth, wisdom and dispassion.)

388. **Om Nitya-klinnāyai namaḥ**
Salutations to Her who is ever compassionate.

389. **Om Nirupamāyai namaḥ**
Salutations to Her who is without an equal.

390. **Om Nirvāṇa-sukha-dāyinyai namaḥ**
Salutations to Her who confers the bliss of Nirvāṇa.

391. **Om Nityā-ṣoḍaśikā-rūpāyai namaḥ**
Salutations to Her who is in the form of the sixteen Nityās (Tripurasundarī with Her companions).

392. **Om Śrīkanṭhārdha-śarīriṇyai namaḥ**
Salutations to Her who possesses half the body of Śiva. (The parā form has the first utterance, the letter A, which is half the body of other letters, takes on different forms

with different consonants.)

393. **Om Prabhāvatyai namaḥ**
Salutations to Her who is luminous.

394. **Om Prabhā-rūpāyai namaḥ**
Salutations to Her who is in the form of brightness.

395. **Om Prasiddhāyai namaḥ**
Salutations to Her who is celebrated (as I -consciousness).

396. **Om Parameśvaryai namaḥ**
Salutations to Her who is the Supreme Ruler.

397. **Om Mūla-prakṛtyai namaḥ**
Salutations to Her who is the primary cause.

398. **Om Avyaktāyai namaḥ**
Salutations to Her who is the unmanifested.

399. **Om Vyaktāvyakta-svarūpiṇyai namaḥ**
Salutations to Her who is in the form of the manifested and the unmanifested.

400. **Om Vyāpinyai namaḥ**
Salutations to Her who is all-pervading.

401. **Om Vividhākārāyai namaḥ**
Salutations to Her who has many forms.

402. **Om Vidyāvidyā-svarūpiṇyai namaḥ**
Salutations to Her who is both Knowledge and Ignorance.

403. **Om Mahā-kāmeśa-nayana-kumudāhlāda-kaumudyai namaḥ**
Salutations to Her who gladdens the eyes of Her Lord Kameśvara as the moon gladdens the water-lilies.

404. **Om Bhakta-hārda-tamo-bheda-bhānumad-bhānu-santatyai namaḥ**
Salutations to Her who is the sunbeam that dispels the darkness in the hearts of devotees.

405. **Om Śiva-dūtyai namaḥ**
Salutations to Her for whom Śiva became the herald.

406. **Om Śivārādhyāyai namaḥ**
Salutations to Her who is worshipped by Śiva.

407. **Om Śiva-mūrtyai namaḥ**
Salutations to Her whose form is Śiva.

408. **Om Śivaṁkaryai namaḥ**
Salutations to Her who gives happiness.

409. **Om Śiva-priyāyai namaḥ**
Salutations to Her who is the beloved of Śiva.

410. **Om Śiva-parāyai namaḥ**
Salutations to Her who is beyond Śiva.
(Since She reveals Śiva to Her devotees.)

411. **Om Śiṣṭeṣṭāyai namaḥ**
Salutations to Her who is desired by the wise.

412. **Om Śiṣṭa-pūjitāyai namaḥ**
Salutations to Her who is worshipped by the great.

413. **Om Aprameyāyai namaḥ**
Salutations to Her who is the immeasurable.

414. **Om Svaprakāśāyai namaḥ**
Salutations to Her who is self-illumined.

415. **Om Mano-vācām-agocarāyai namaḥ**
Salutations to Her who is beyond mind and speech.

416. **Om Cicchaktyai namaḥ**
Salutations to Her who is the Power of Consciousness.

417. **Om Cetanā-rūpāyai namaḥ**
Salutations to Her who is pure consciousness itself.

418. **Om Jaḍa-śaktyai namaḥ**
Salutations to Her who is manifesting as the mechanical forces.

419. **Om Jaḍātmikāyai namaḥ**
Salutations to Her who is the objective world.

420. **Om Gāyatryai namaḥ**
Salutations to Her who is the Gāyatrī Mantra.

421. **Om Vyāhṛtyai namaḥ**
Salutations to Her who is the seven Vyahṛitis (invocations).

422. **Om Saṁdhyāyai namaḥ**

Salutations to Her who is the Sandhyā (twilight) worship.

423. **Om Dvija-vṛnda-niṣevitāyai namaḥ**
Salutations to Her who is adored by holy men at the Sandhyā worship.

424. **Om Tattvāsanāyai namaḥ**
Salutations to Her whose seat is the thirty six Tattvas.

425. **Om Tasmai namaḥ**
Salutations to Her who is Tat (That).

426. **Om Tubhyaṁ namaḥ**
Salutations to Her who is addressed as Tvam (Thou).

427. **Om Ayyai namaḥ**
Salutations to Her who is referred to as Oh (Ayi).

428. **Om Pañca-kośāntara-sthitāyai namaḥ**
Salutations to Her who is the five sheaths of Jīva.

429. **Om Niḥsīma-mahimne namaḥ**
Salutations to Her whose glory is boundless.

430. **Om Nitya-yauvanāyai namaḥ**
Salutations to Her who is ever young.

431. **Om Mada-śālinyai namaḥ**
Salutations to Her who beams with Bliss.

432. **Om Mada-ghūrṇita-raktākṣyai namaḥ**
Salutations to Her who has reddened eyes owing

to the exuberance of bliss.

433. **Om Mada-pāṭala-gaṇḍa-bhuve namaḥ**
Salutations to Her whose cheeks are rosy with rapture.

434. **Om Candana-drava-digdhāṅgyai namaḥ**
Salutations to Her whose body is smeared with the sandal paste.

435. **Om Cāmpeya-kusuma-priyāyai namaḥ**
Salutations to Her who is fond of the fragrant Cāmpa flower.

436. **Om Kuśalāyai namaḥ**
Salutations to Her who is skillful.

437. **Om Komalākārāyai namaḥ**
Salutations to Her whose appearance is graceful.

438. **Om Kurukullāyai namaḥ**
Salutations to Her who is the Deity Kurukullā.

439. **Om Kuleśvaryai namaḥ**
Salutations to Her who is the ruler of the Kula (Suṣumnā). (Kula also means the triad of the measurer, measurement and the thing measured.)

440. **Om Kula-kuṇḍālayāyai namaḥ**
Salutations to Her who is the Deity in the Kulakuṇḍa (the Mūlādhāra).

441. **Om Kaula-mārga-tatpara-sevitāyai namaḥ**

Salutations to Her who is worshipped by those on the Kaula path.

442. **Om Kumāra-gaṇanāthāmbāyai namaḥ**
Salutations to Her who is the Mother of Kumāra and Gaṇanātha.

443. **Om Tuṣṭyai namaḥ**
Salutations to Her who is contentment.

444. **Om Puṣṭyai namaḥ**
Salutations to Her who is nourishment (Puṣṭi) and is also the Deity Puṣṭi.

445. **Om Matyai namaḥ**
Salutations to Her who is wisdom (mati) and is also worshipped as the Deity Mati.

446. **Om Dhṛtyai namaḥ**
Salutations to Her who is fortitude (Dhṛti) and is also worshipped as the Deity Dhṛti.

447. **Om Śāntyai namaḥ**
Salutations to Her who is tranquillity.

448. **Om Svasti matyai namaḥ**
Salutations to Her who is benediction.

449. **Om Kāntyai namaḥ**
Salutations to Her who is effulgent.

450. **Om Nandinyai namaḥ**

Salutations to Her who bestows delight.
(Nandinī is also the wish fulfilling cow.)

451. **Om Vighna-nāśinyai namaḥ**
Salutations to Her who puts an end to all obstacles.

452. **Om Tejovatyai namaḥ**
Salutations to Her who is effulgence that supports the sun and other luminaries.

453. **Om Tri-nayanāyai namaḥ**
Salutations to Her who is endowed with three eyes.

454. **Om Lolākṣi-kāma-rūpiṇyai namaḥ**
Salutations to Her who is in the form of desire in women.

455. **Om Mālinyai namaḥ**
Salutations to Her who wears a garland representing the fifty one syllables of the Mātṛkā.

456. **Om Haṁsinyai namaḥ**
Salutations to Her who is the Hamsa-mantra (So'ham Hamsaḥ reverberating with every breath).

457. **Om Mātre-namaḥ**
Salutations to Her who is the Mother.

458. **Om Malayācala-vāsinyai namaḥ**
Salutations to Her who resides on the Malaya mountain.

459. **Om Sumukhyai namaḥ**
Salutations to Her who has a lovely face.

460. **Om Nalinyai namaḥ**
Salutations to Her who is called Nalinī, because her eyes, limbs etc. have the loveliness of Nalinī or lotus.

461. **Om Subhruve namaḥ**
Salutations to Her who has attractive eyebrows.

462. **Om Śobhanāyai namaḥ**
Salutations to Her who is a beauty.

463. **Om Sura-nāyikāyai namaḥ**
Salutations to Her who is the leader of the gods.

464. **Om Kāla-kaṇṭhyai namaḥ**
Salutations to Her who is the consort of Kāla-Kaṇṭha (Śiva).

465. **Om Kānti-matyai namaḥ**
Salutations to Her who is resplendent.

466. **Om Kṣobhiṇyai namaḥ**
Salutations to Her who excites Śiva to create.

467. **Om Sūkṣma-rūpiṇyai namaḥ**
Salutations to Her whose form is subtle.

468. **Om Vajreśvaryai namaḥ**
Salutations to Her who is Vajreśvarī, the Deity of a holy place known by that name or the tutelary deity of Jālandhara Pīṭha.

469. **Om Vāma-devyai namaḥ**
Salutations to Her who is the consort of Vāmadeva (Śiva).

470. **Om Vayovasthā-vivarjitāyai namaḥ**
Salutations to Her who is devoid of old age and all other changes.

471. **Om Siddheśvaryai namaḥ**
Salutations to Her who is the supreme goddess of Siddhas or spiritual adepts.

472. **Om Siddha-vidyāyai namaḥ**
Salutations to Her whose Mantra (Śrīvidyā) is always fruitful.

473. **Om Siddha-mātre namaḥ**
Salutations to Her who is the Mother of the siddhas.

474. **Om Yaśasvinyai namaḥ**
Salutations to Her who is famous.

475. **Om Viśuddhi-cakra-nilayāyai namaḥ**
Salutations to Her who resides in the Viśuddhi Cakra, (in the pericarp of the sixteen-petalled lotus.)

476. **Om Ārakta-varṇāyai namaḥ**
Salutations to Her who is of rosy complexion.

477. **Om Tri-locanāyai namaḥ**
Salutations to Her who has three eyes.

478. **Om Khaṭvāṅgādi-praharaṇāyai namaḥ**
Salutations to Her who is armed with a club other weapons.

479. **Om Vadanaika-samanvitāyai namaḥ**
Salutations to Her who is with a single face.

480. **Om Pāyasānna-priyāyai namaḥ**
Salutations to Her who likes offering of Pāyasa (milk pudding).

481. **Om Tvaksthāyai namaḥ**
Salutations to Her who presides over the skin that gives the sensation of touch.

482. **Om Paśu-loka-bhayaṁkaryai namaḥ**
Salutations to Her who is frightful to the ignorant (Paśu).

483. **Om Amṛtādi-mahā-śakti-saṁvṛtāyai namaḥ**
Salutations to Her who is surrounded by sixteen Śaktis beginning with Amṛta (as a deity presiding over one sanskrit vowel in each of the sixteen petals).

484. **Om Ḍākinīśvaryai namaḥ**
Salutations to Her who is Divine Ruler Ḍākinī (described by the nine names from 475 to 483).

485. **Om Anāhatābja-nilayāyai namaḥ**
Salutations to Her abides in the Anāhata Cakra (as Deity Rākiṇī).

486. **Om Śyāmābhāyai namaḥ**
Salutations to Her who is of shinning dark complexion.

487. **Om Vadana-dvayāyai namaḥ**
Salutations to Her who as Rākiṇī has two faces.

488. **Om Daṁṣṭrojjvalāyai namaḥ**
Salutations to Her who has shining tusks.

489. **Om Akṣa-mālādi-dharāyai namaḥ**
Salutations to Her who wears a rosary etc.

490. **Om Rudhira-saṁsthitāyai namaḥ**
Salutations to Her who resides in the blood.

491. **Om Kāla-rātryādi-śaktyogha-vṛtāyai namaḥ**
Salutations to Her who is attended by Kālarātrī and eleven other Śaktis, (one in each petal of Anāhata Cakra presiding over the sanskrit consonents from k to ṭ).

492. **Om Snigdhaudana-priyāyai namaḥ**
Salutations to Her who is fond of rice mixed with ghee.

493. **Om Mahā-vīrendra-varadāyai namaḥ**
Salutations to Her who grants boons to great warriors.

494. **Om Rākiṇyambā-svarūpiṇyai namaḥ**
Salutations to Her who is the Mother Rākiṇī (described in the nine names from 485 to 493).

495. **Om Maṇipūrābja-nilayāyai namaḥ**
Salutations to Her who resides in the Maṇipūra lotus and is known as Lākinī.

496. **Om Vadana-traya-saṁyutāyai namaḥ**
Salutations to Her who has three faces.

497. **Om Vajrādikāyudhopetāyai namaḥ**

Salutations to Her who is armed with the thunderbolt and other weapons.

498. **Om Ḍāmaryādibhir āvṛtāyai namaḥ**
Salutations to Her who is surrounded by ten Śaktis beginning with Ḍāmarī (a deity one in each petal of the Maṇipura lotus presiding over the consonents ḍ to ph in the petal).

499. **Om Rakta-varṇāyai namaḥ**
Salutations to Her who has a ruddy hue.

500. **Om Māṁsa-niṣṭhāyai namaḥ**
Salutations to Her who presides over flesh.

501. **Om Guḍānna-prīta-mānasāyai namaḥ**
Salutations to Her who has a liking for rice cooked with jaggery.

502. **Om Samasta-bhakta-sukhadāyai namaḥ**
Salutations to Her who bestows happiness on all devotees.

503. **Om Lākinyambā-svarūpiṇyai namaḥ**
Salutations to Her who is the Mother Lākinī (described in the nine preceding names from 494 to 502).

504. **Om Svādhiṣṭhānāmbuja-gatāyai namaḥ**
Salutations to Her who abides in the Svādhiṣṭhana Cakra under the name of Kākinī.

505. **Om Catur-vaktra-manoharāyai namaḥ**
Salutations to Her who is fascinating with Her four faces.

506. **Om Śūlādyāyudha-saṁpannāyai namaḥ**
Salutations to Her who is armed with a trident and other weapons in Her four hands.

507. **Om Pīta-varṇāyai namaḥ**
Salutations to Her who is yellow.

508. **Om Ati-garvitāyai namaḥ**
Salutations to Her who is very dignified (by her beauty).

509. **Om Medo-niṣṭhāyai namaḥ**
Salutations to Her who presides over fat.

510. **Om Madhu-prītāyai namaḥ**
Salutations to Her who loves to have offerings of honey.

511. **Om Bandhinyādi-samanvitāyai namaḥ**
Salutations to Her who is surrounded by Bandhinī and other five Śaktis (one deity presiding over consonents b to l one in each petal of the Svādhiṣṭhāna Cakra).

512. **Om Dadhyannāsakta-hṛdayāyai namaḥ**
Salutations to Her who loves to have offerings of curds.

513. **Om Kākinī-rūpa-dhāriṇyai namaḥ**
Salutations to the Mother Kākinī (described in the nine names from 504 to 512).

514. **Om Mūlādhāra-ambujārūḍhāyai namaḥ**
Salutations to Her who assumes Her place in the Mūlādhāra Cakra, described as a lotus of four petals.

515. **Om Pañca-vaktrāyai namaḥ**
Salutations to Her who exhibits five faces.

516. **Om Asthi saṁsthitāyai namaḥ**
Salutations to Her who presides over bones.

517. **Om Aṅkuśādi-praharaṇāyai namaḥ**
Salutations to Her who is armed with elephant hook and other weapons.

518. **Om Varadādi-niṣevitāyai namaḥ**
Salutations to Her who is attended on by Varadā and three other Śaktis (presiding over the consonents l to ṣ one in each petal of Mūlādhāra Cakra).

519. **Om Mudgaudanāsakta-cittāyai namaḥ**
Salutations to Her who is fond of boiled mung beans and rice.

520. **Om Sākinyambā-svarūpiṇyai namaḥ**
Salutations to the Mother Sākinī (described in the six names from 514 to 519).

521. **Om Ājñā-cakrābja-nilayāyai namaḥ**
Salutations to the Mother who resides in the Ājñā Cakra (which is described as a lotus with two petals).

522. **Om Śukla-varṇāyai namaḥ**
Salutations to Her who is white in complexion.

523. **Om Ṣaḍ-ānanāyai namaḥ**
Salutations to Her who has six faces.

524. **Om Majjā-saṁsthāyai namaḥ**
Salutations to Her who presides over marrow.

525. **Om Haṁsa-vati-mukhya-śakti-samanvitāyai namaḥ**
Salutations to Her who is attended on by Hamsavatī and other Śakti (Kṣamāvatī, each deity presiding over a petal with letters ha and kṣa).

526. **Om Haridrānnaika-rasikāyai namaḥ**
Salutations to Her who loves offerings of saffron-flavored rice.

527. **Om Hākinī-rūpa-dhāriṇyai namaḥ**
Salutations to the Mother who assumes the form of Hākinī (described in the six names from 521 to 526).

528. **Om Sahasra-dala-padmasthāyai namaḥ**
Salutations to Her who dwells in the Sahasrāra which is described as a thousand petalled lotus.

529. **Om Sarva-varṇopa-śobhitāyai namaḥ**
Salutations to Her who shines with all colors.

530. **Om Sarvāyudha-dharāyai namaḥ**
Salutations to Her who is armed with all weapons.

531. **Om Śukla-saṁsthitāyai namaḥ**
Salutations to Her who presides over the vital fluid in all creatures.

532. **Om Sarvatomukhyai namaḥ**
Salutations to Her who has faces in all directions.

533. **Om Sarvaudana-prīta-cittāyai namaḥ**
Salutations to Her who is fond of all kinds of food.

534. **Om Yākinyambā-svarūpiṇyai namaḥ**
Salutations to the Mother Yākinī (described in the six names from 528 to 533).

535. **Om Svāhāyai namaḥ**
Salutations to Her who is the Deity Svāhā, the sacred exclamation with which oblations are made in sacrificial fire for gods.

536. **Om Svadhāyai namaḥ**
Salutations to the Deity Svadhā, the sacred exclamation uttered while making oblations to the Pitṛs (manes). (well nourishes).

537. **Om Amatyai namaḥ**
Salutations to Her who is Amati (Buddhi or knowledge of the Self).

538. **Om Medhāyai namaḥ**
Salutations to Her who is intelligence.

539. **Om Śrutyai namaḥ**
Salutations to Her who is the Śruti or the Veda.

540. **Om Smṛtyai namaḥ**
Salutations to Her who is memory.

541. **Om Anuttamāyai namaḥ**
Salutations to Her who is the best.

542. **Om Puṇya-kīrtyai namaḥ**
Salutations to Her who is famed for righteousness.

543. **Om Puṇya-labhyāyai namaḥ**
Salutations to Her who is attained through righteousness.

544. **Om Puṇya-śravaṇa-kīrtanāyai namaḥ**
Salutations to Her hearing of whom and praising whom is holy.

545. **Om Pulomajārcitāyai namaḥ**
Salutations to Her who is worshipped by Pulomajā, the wife of Indra.

546. **Om Bandha-mocanyai namaḥ**
Salutations to Her who removes bondage.

547. **Om Barbarālakāyai namaḥ**
Salutations to Her who has wavy hair.

548. **Om Vimarśa-rūpiṇyai namaḥ**
Salutations to Her who is in the form of Vimarśa, the primordial vibration of Śiva in the Prakāśa aspect. (Self-awareness).

549. **Om Vidyāyai namaḥ**
Salutations to Her who is Vidyā, the knowledge that gives spiritual enlightenment.

550. **Om Viyadādi-jagat-prasuve namaḥ**
Salutations to Her who is the origin of the whole cosmos beginning with the element of Ākāśa (space).

551. **Om Sarva-vyādhi-praśamanyai namaḥ**
Salutations to Her who cures all diseases.

552. **Om Sarva-mṛtyu-nivāriṇyai namaḥ**
Salutations to Her who wards off all forms of death.

553. **Om Agra-gaṇyāyai namaḥ**
Salutations to Her who is the first.

554. **Om Acintya-rūpāyai namaḥ**
Salutations to Her who is of unthinkable form.

555. **Om Kali-kalmaṣa-nāśinyai namaḥ**
Salutations to Her who destroys the sin in the age of Kali.

556. **Om Kātyāyanyai namaḥ**
Salutations to Her who is Kātyāyanī, the sum-total of the effulgence of all the Deities.

557. **Om Kāla-hantryai namaḥ**
Salutations to Her who is the destroyer of Time.

558. **Om Kamalākṣa-niṣevitāyai namaḥ**
Salutations to Her who is worshipped even by the lotus-eyed Viṣṇu.

559. **Om Tāmbūla-pūrita-mukhyai namaḥ**
Salutations to Her whose mouth is full of betel.

560. **Om Dāḍimī-kusuma-prabhāyai namaḥ**
Salutations to Her who shines like a pomegranate flower.

561. **Om Mṛgākṣyai namaḥ**
Salutations to Her who is fawn-eyed.

562. **Om Mohinyai namaḥ**
Salutations to Her who is enchanting.

563. **Om Mukhyāyai namaḥ**
Salutations to Her who is the Firstborn of Truth.

564. **Om Mṛḍānyai namaḥ**
Salutations to Her who is the Consort of Mṛḍa, the Divine dispenser of Happiness (i.e. Śiva in His Sāttvika aspect).

565. **Om Mitra-rūpiṇyai namaḥ**
Salutations to Her who is effulgent like the sun.

566. **Om Nitya-tṛptāyai namaḥ**
Salutations to Her who is eternally pleased and happy.

567. **Om Bhakta-nidhaye namaḥ**
Salutations to Her who is treasure to Her devotees.

568. **Om Niyantryai namaḥ**
Salutations to Her who is the guide of the Universe.

569. **Om Nikhileśvaryai namaḥ**
Salutations to Her who is the Ruler of all.

570. **Om Maitryādi-vāsanā-labhyāyai namaḥ**
Salutations to Her who is attained through friendship, (compassion, complacency and indifference towards the happy, the miserable, the virtuous, and the sinful).

571. **Om Mahā-pralaya-sākṣiṇyai namaḥ**
Salutations to Her who witnesses the great dissolution (of the whole cosmos).

572. **Om Parasyai śaktyai namaḥ**
Salutations to Her who is the Supreme Energy.

573. **Om Parāyai niṣṭhāyai namaḥ**
Salutations to Her who is the Supreme End and establishment in Knowledge of Brahman.

574. **Om Prajñāna-ghana-rūpiṇyai namaḥ**
Salutations to Her who is concentrated knowledge.

575. **Om Mādhvī-pānālasāyai namaḥ**
Salutations to Her who is introverted and inactive like one intoxicated with wine.

576. **Om Mattāyai namaḥ**
Salutations to Her who is ecstatic.

577. **Om Mātṛkā-varṇa-rūpiṇyai namaḥ**
Salutations to Her who is of the form of mātṛkā letters (from A to Kṣa).

578. **Om Mahā-kailāsa-nilayāyai namaḥ**
Salutations to Her who resides in the great Kailāsa (the Bindu in the Sahasrāra).

579. **Om Mṛṇāla-mṛdu-dor-latāyai namaḥ**
Salutations to Her whose arms are smooth and slender like a pair of lotus stalks.

580. **Om Mahanīyāyai namaḥ**
Salutations to Her who is illustrious.

581. **Om Dayā-mūrtyai namaḥ**
Salutations to Her who is personification of compassion.

582. **Om Mahā-sāmrājya-śālinyai namaḥ**
Salutations to Her who is resplendent with the vast empire of the whole Universe.

583. **Om Ātma-vidyāyai namaḥ**
Salutations to Her who is Ātma-vidyā, the knowledge of the Self.

584. **Om Mahāvidyāyai namaḥ**
Salutations to Her who is Mahā-vidyā, the exalted science.

585. **Om Śrī-vidyāyai namaḥ**
Salutations to Her who is Śrī-vidyā (the fifteen lettered Mantra of the Devī).

586. **Om Kāma-sevitāyai namaḥ**
Salutations to Her who is attended by Kāmadeva, the god of love.

587. **Om Śrī-ṣoḍaśākṣarī-vidyāyai namaḥ**
Salutations to Her who is the sixteen-syllabled Mantra of the Devī.

588. **Om Trikūṭāyai namaḥ**
Salutations to Her who forms the three Kūṭas or groups of letters of Śrī-vidyā.

589. **Om Kāma-koṭikāyai namaḥ**
Salutations to Her of who is the spirit of Kāma (Paramśiva).

590. **Om Kaṭākṣa-kiṅkarī-bhūta-kamalā-koṭi-sevitāyai namaḥ**
Salutations to Her who can at a mere glance make crores of Lakṣmis (goddesses of wealth and beauty) wait upon Her.

591. **Om Śiraḥ-sthitāyai namaḥ**
Salutations to Her who resides in the Sahasrāra (in the head) in the form of the Guru.

592. **Om Candra-nibhāyai namaḥ**
Salutations to Her who shines as the Moon in the pericarp of the Sahasrāra lotus.

593. **Om Bhālasthāyai namaḥ**
Salutations to Her who dwells as the Bindu in the syllable Hrīm meditated in the forehead.

594. **Om Indra-dhanuḥ-prabhāyai namaḥ**
Salutations to Her who shines in the hue of the rainbow.

595. **Om Hṛdayasthāyai namaḥ**
Salutations to Her who abides in the heart of the devotees for meditation.

596. **Om Ravi-prakhyāyai namaḥ**
Salutations to Her who blazes in the heart like the sun.

597. **Om Tri-koṇāntara-dīpikāyai namaḥ**
Salutations to Her who resides as the light within the triangle in the pericarp of the Mūlādhāra.

598. **Om Dākṣāyaṇyai namaḥ**
Salutations to Her who is the daughter of Dakṣa.

599. **Om Daitya-hantryai namaḥ**
Salutations to Her who destroys demons.

600. **Om Dakṣa-yajña-vināśinyai namaḥ**
Salutations to Her who destroyed the sacrifice of Dakṣa.

601. **Om Darāndolita-dīrghākṣyai namaḥ**
Salutations to Her who has shapely, wide and elongated eyes tremulous with mercy

602. **Om Dara-hāsojjvalan-mukhyai namaḥ**
Salutations to Her whose face is lit with a gentle smile.

603. **Om Guru-mūrtaye namaḥ**
Salutations to Her who assumes the form of the Guru.

604. **Om Guṇa-nidhaye namaḥ**
Salutations to Her who is treasure house of virtues.

605. **Om Go-mātre namaḥ**
Salutations to Her who is the source of speech.

606. **Om Guha-janma-bhuve namaḥ**
Salutations to Her who is the mother of Guha (Kārtikeya).

607. **Om Deveśyai namaḥ**
Salutations to Her who is the ruler of all gods.

608. **Om Daṇḍa-nītisthāyai namaḥ**

Salutations to Her who dwells in justice.

609. **Om Daharākāśa-rūpiṇyai namaḥ**
Salutations to Her who is the subtle Self in the heart.

610. **Om Pratipan-mukhya-rākānta-tithi-maṇḍala-pūjitāyai namaḥ**
Salutations to Her who is worshipped by the aggregate of fifteen Nityā deities presiding over the first to full moon days.

611. **Om Kalātmikāyai namaḥ**
Salutations to Her who is all the phases (kalās) or changes. (A few examples: ten phases of fire, twelve of the sun, sixteen of the moon. sixty four kalās (arts). four phases of the waking state, four of the sleeping state, four of the dream state, four of the turya state)

612. **Om Kalā-nāthāyai namaḥ**
Salutations to Her who is the moon, the Ruler of kalās.

613. **Om Kāvyālāpa-vimodinyai namaḥ**
Salutations to Her who delights in the language of poetry.

614. **Om Sacāmara-ramā-vāṇī-savya-dakṣiṇa-sevitāyai namaḥ**
Salutations to Her who is served by Lakṣmi and Sarasvati standing on Her left and right sides holding Cāmara (ceremonial) fans.

615. **Om Ādiśaktyai namaḥ**
Salutations to Her who is the Primordial Energy.

616. **Om Ameyāyai namaḥ**
Salutations to Her who is immeasurable.

617. **Om Ātmane namaḥ**
Salutations to Her who is the Self in all.

618. **Om Paramāyai namaḥ**
Salutations to Her who is also the Supreme Self.

619. **Om Pāvanākṛtaye namaḥ**
Salutations to Her whose form is holy and sanctifying.

620. **Om Aneka-koṭi-brahmāṇḍa-jananyai namaḥ**
Salutations to Her who has given birth to several crores of worlds.

621. **Om Divya-vigrahāyai namaḥ**
Salutations to Her who has a Divine form.

622. **Om Klīṁkāryai namaḥ**
Salutations to Her who creates the holy syllable klīm, known as the Kāma Bīja.

623. **Om Kevalāyai namaḥ**
Salutations to her who is the Absolute.

624. **Om Guhyāyai namaḥ**
Salutations to Her who is the secret.

625. **Om Kaivalya-pada-dāyinyai namaḥ**
Salutations to Her who confers Kaivalya, the state of Absolute Bliss.

626. **Om Tripurāyai namaḥ**
Salutations to Her who is Tripurā or the three naḍis.

627. **Om Trijagad-vandyāyai namaḥ**
Salutations to Her who is adored by three worlds.

628. **Om Tri-mūrtaye namaḥ**
Salutations to Her who has the three forms of Brahmā, Viṣṇu and Maheśvara.

629. **Om Tridaśeśvaryai namaḥ**
Salutations to Her who is the Ruler of the gods (Tridaśas).

630. **Om Tryakṣaryai namaḥ**
Salutations to Her who is three syllabled (Śuddhavidyā and Kumāri) mantras.

631. **Om Divya-gandhāḍhyāyai namaḥ**
Salutations to Her who is full of divine fragrance.

632. **Om Sindūra-tilakāñcitāyai namaḥ**
Salutations to Her who is adorned with the vermilion forehead mark.

633. **Om Umāyai namaḥ**
Salutations to Her who is Umā - or Brahma-vidyā-personified.
(Umā is also Icchāśakti.)

634. **Om Śailendra-tanayāyai namaḥ**
Salutations to Her who is the daughter of the King of Mountains, the Himalayas.

635. **Om Gauryai namaḥ**
Salutations to Her who is Gaurī, the fair complexioned one.

636. **Om Gandharva-sevitāyai namaḥ**
Salutations to Her who is attended upon by Gandharvas, the celestial minstrels.

637. **Om Viśva-garbhāyai namaḥ**
Salutations to Her who has the Universe in her womb.

638. **Om Svarṇa-garbhāyai namaḥ**
Salutations to Her whose womb is golden. (She is explained by the mātṛkā letters.)

639. **Om Avaradāyai namaḥ**
Salutations to Her who defeats the ignoble demons.

640. **Om Vāg-adhīśvaryai namaḥ**
Salutations to Her who presides over speech.

641. **Om Dhyāna-gamyāyai namaḥ**
Salutations to Her who is to be attained by meditation.

642. **Om Apari-cchedyāyai namaḥ**
Salutation to Her who is unlimited.

643. **Om Jñānadāyai namaḥ**
Salutations to Her who is the bestower of Supreme Knowledge.

644. **Om Jñāna-vigrahāyai namaḥ**
Salutations to Her who is Herself the embodiment

of Supreme Knowledge.

645. **Om Sarva-vedānta-saṁvedyāyai namaḥ**
Salutations to Her who is known through all the Vedāntas (Upaniṣads) declare.

646. **Om Satyānanda-svarūpiṇyai namaḥ**
Salutations to Her who is existence and bliss.

647. **Om Lopāmudrārcitāyai namaḥ**
Salutations to Her who is worshipped by Lopāmudrā wife of sage Agastya.

648. **Om Līlā-kḷpta-brahmāṇḍa-maṇḍalāyai namaḥ**
Salutations to Her for whom the creation of many a universe is a mere sport.

649. **Om Adṛśyāyai namaḥ**
Salutations to Her who is invisible to ordinary vision.

650. **Om Dṛśya-rahitāyai namaḥ**
Salutations to Her who transcends objectivity.

651. **Om Vijñātryai namaḥ**
Salutations to Her who is the perceiver.

652. **Om Vedya-varjitāyai namaḥ**
Salutations to Her who, being omniscient, has nothing more to know.

653. **Om Yoginyai namaḥ**
Salutations to Her who is Yoginī.

654. **Om Yogadāyai namaḥ**
Salutations to Her who bestows Yoga.

655. **Om Yogyāyai namaḥ**
Salutations to Her who is the object of Yoga.

656. **Om Yogānandāyai namaḥ**
Salutations to Her who is the bliss of Yoga.

657. **Om Yugandharāyai namaḥ**
Salutations to Her who bears the Yoke of Yuga consisting in directing the cycle of yugas - vast periods of time.

658. **Om Icchā-śakti-jñāna-śakti-kriyā-śakti-svarūpiṇyai namaḥ**
Salutations to Her who is the Power of Will (Icchā-śakti), Power of knowledge (Jñāna-śakti) and power of Action (Kriyā-śakti).

659. **Om Sarvādhārāyai namaḥ**
Salutations to Her who supports all.

660. **Om Supratiṣṭhāyai namaḥ**
Salutations to Her who is the firm foundation of existence.

661. **Om Sad-asad-rūpa-dhāriṇyai namaḥ**
Salutations to Her who is the foundation of Being and Non-being.

662. **Om Aṣṭa-mūrtyai namaḥ**
Salutations to Her who has an eightfold form.

663. **Om Ajājetryai namaḥ**
Salutations to Her who conquers the Ajā (Ignorance).

664. **Om Loka-yātrā-vidhāyinyai namaḥ**
Salutations to Her who directs the cosmic process.

665. **Om Ekākinyai namaḥ**
Salutations to Her who is the One.

666. **Om Bhūma-rūpāyai namaḥ**
Salutations to Her who is aggregate of all existing things.

667. **Om Nirdvaitāyai namaḥ**
Salutations to Her who is without duality.

668. **Om Dvaita-varjitāyai namaḥ**
Salutations to Her who transcends duality.

669. **Om Annadāyai namaḥ**
Salutations to Her who supplies food.

670. **Om Vasudāyai namaḥ**
Salutations to Her who is the generous giver of wealth.

671. **Om Vṛddhāyai namaḥ**
Salutations to Her who is the Primeval One.

672. **Om Brahmātmaikya-svarūpiṇyai namaḥ**
Salutations to Her who is the union of Universal Self and individual Self.

673. **Om Bṛhatyai namaḥ**

Salutations to Her who is great.

674. **Om Brāhmaṇyai namaḥ**
Salutations to Her who is Divine wisdom.

675. **Om Brāhmyai namaḥ**
Salutations to Her who is Brāhmī (speech).

676. **Om Brahmānandāyai namaḥ**
Salutations to Her who is the bliss of Brahman.

677. **Om Bali-priyāyai namaḥ**
Salutations to Her who loves the offerings of devotees. (She delights in the those who are able to overcome nescience.)

678. **Om Bhāṣā-rūpāyai namaḥ**
Salutations to Her who is in the form of language.

679. **Om Bṛhat-senāyai namaḥ**
Salutations to Her who leads a mighty army.

680. **Om Bhāvābhāva-vivarjitāyai namaḥ**
Salutations to Her who is devoid of existence and non-existence.

681. **Om Sukhārādhyāyai namaḥ**
Salutations to Her whose worship is easy to perform.

682. **Om Śubha-karyai namaḥ**
Salutations to Her who does good.

683. **Om Śobhanāyai sulabhāyai gatyai namaḥ**
Salutations to Her whose path is lustrous and easy to traverse.

684. **Om Rāja-rājeśvaryai namaḥ**
Salutations to Her who is the King of rulers of rulers.

685. **Om Rājya-dāyinyai namaḥ**
Salutations to Her who bestows dominion.

686. **Om Rājya-vallabhāyai namaḥ**
Salutations to Her who delights in dominion.

687. **Om Rājat-kṛpāyai namaḥ**
Salutations to Her who radiates compassion.

688. **Om Rāja-pīṭha-niveśita-nijāśritāyai namaḥ**
Salutations to Her who raises Her devotees to royal status.

689. **Om Rājya-lakṣmyai namaḥ**
Salutations to Her who is the royal wealth.

690. **Om Kośa-nāthāyai namaḥ**
Salutations to Her who presides over treasure (or the five sheaths (Kośas) of the human beings).

691. **Om Catur-aṅga-baleśvaryai namaḥ**
Salutations to Her who is the Ruler of the armies.

692. **Om Sāmrājya-dāyinyai namaḥ**
Salutations to Her who bestows empire.

693. **Om Satya-sandhāyai namaḥ**
Salutations to Her who is devoted to truth.

694. **Om Sāgara-mekhalāyai namaḥ**
Salutations to Her who is girdled by the ocean.

695. **Om Dīkṣitāyai namaḥ**
Salutations to Her who is initiated.
(Out of compassion she imparts knowledge to her disciples and takes away their sins.)

696. **Om Daitya-śamanyai namaḥ**
Salutations to Her who controls demons.

697. **Om Sarva-loka-vaśaṁkaryai namaḥ**
Salutations to Her who keeps all the worlds under Her sway.

698. **Om Sarvārtha-dātryai namaḥ**
Salutations to Her who grants all objects (of desire).

699. **Om Sāvitryai namaḥ**
Salutations to Her who is the creator of the Universe.

700. **Om Sac-cid-ānanda-rūpiṇyai namaḥ**
Salutations to Her whose form is Existence-Knowledge-Bliss.

701. **Om Deśa-kālāparicchinnāyai namaḥ**
Salutations to Her who is not limited by space and time.

702. **Om Sarvagāyai namaḥ**
Salutations to Her who is omnipresent.

703. **Om Sarva-mohinyai namaḥ**
Salutations to Her who casts Her spell on all.

704. **Om Sarasvatyai namaḥ**
Salutations to Her who is Sarasvatī, the Goddess of discriminative wisdom and spiritual illumination.

705. **Om Śāstramayyai namaḥ**
Salutations to Her who is the science of the spirit.

706. **Om Guhāmbāyai namaḥ**
Salutations to Her who is the Mother residing in the cave of intelligence (Also the mother of Guha or Subrahmaṇya).

707. **Om Guhya-rūpiṇyai namaḥ**
Salutations to Her who has a secret form.

708. **Om Sarvopādhi-vinirmuktāyai namaḥ**
Salutations to Her who is free from all limitations.

709. **Om Sadāśiva-pativratāyai namaḥ**
Salutations to Her who is the devoted Spouse of Sadāśiva.

710. **Om Saṁpradāyeśvaryai namaḥ**
Salutations to Her who is the guardian of sacred traditions.

711. **Om Sādhune namaḥ**
Salutations to Her who is rightly understood as the Power that dispels ignorance.

712. **Om Yai namaḥ**

Salutations to Her who is denoted by the syllable 'ī'.

713. **Om Guru-maṇḍala-rūpiṇyai namaḥ**
Salutations to Her who embodies in Herself the teaching of successive lines of teachers.

714. **Om Kulottīrṇāyai namaḥ**
Salutations to Her who transcends the senses, including the mind.

715. **Om Bhagārādhyāyai namaḥ**
Salutations to Her who is worshipped in the orbit of the sun.

716. **Om Māyāyai namaḥ**
Salutations to Her who is the Power of illusion.

717. **Om Madhumatyai namaḥ**
Salutations to Her who is called Madhumatī, the ultimate step to be taken by the highest Yogins.

718. **Om Mahyai namaḥ**
Salutations to Her who is Mahī, the common ground of all.

719. **Om Gaṇāmbāyai namaḥ**
Salutations to Her who is the Mother of hosts or Gaṇeśa.

720. **Om Guhyakārādhyāyai namaḥ**
Salutations to Her who is worshipped by the demi-gods called the Guhyakas.

721. **Om Komalāṅgyai namaḥ**
Salutations to Her whose form is delicate and pleasing.

722. **Om Guru-priyāyai namaḥ**
Salutations to Her who is beloved of Śiva, the great Guru.

723. **Om Svatantrāyai namaḥ**
Salutations to Her who is Independent.

724. **Om Sarva-tantreśyai namaḥ**
Salutations to Her who is the presiding deity of all the Tantras.

725. **Om Dakṣiṇā-mūrti-rūpiṇyai namaḥ**
Salutations to Her who has taken the form of Dakṣiṇāmūrti.

726. **Om Sanakādi-samārādhyāyai namaḥ**
Salutations to Her who is worthy of being worshipped by Sanaka and other great ascetics.

727. **Om Śiva-jñāna-pradāyinyai namaḥ**
Salutations to Her who imparts the knowledge of the Supreme Being (Śiva).

728. **Om Cit-kalāyai namaḥ**
Salutations to Her who is a spark of Divine Consciousness (Citkalā).

729. **Om Ānanda-kalikāyai namaḥ**
Salutations to Her who is the bud of Divine Bliss.

730. **Om Prema-rūpāyai namaḥ**
Salutations to Her who is pure Love itself.

731. **Om Priyaṁkaryai namaḥ**

Salutations to Her who grants what is dear to us.

732. **Om Nāma-pārāyaṇa-prītāyai namaḥ**
Salutations to Her who is pleased by repetition of Her names.

733. **Om Nandi-vidyāyai namaḥ**
Salutations to Her who is the Deity of the Mantra of Nandikeśvara.

734. **Om Naṭeśvaryai namaḥ**
Salutations to Her who is the counterpart of Cidambara Naṭeśvara.

735. **Om Mithyā-jagad-adhiṣṭhānāyai namaḥ**
Salutations to Her who is the ground of the illusory universe.

736. **Om Mukti-dāyai namaḥ**
Salutations to Her who is the giver of salvation.

737. **Om Mukti-rūpiṇyai namaḥ**
Salutations to Her who is Herself salvation.

738. **Om Lāsya-priyāyai namaḥ**
Salutations to Her who likes the rhythmic dance of women, called Lāsya.

739. **Om Laya-karyai namaḥ**
Salutations to Her who causes mental absorption, also a pause in dance and music.

740. **Om Lajjāyai namaḥ**
Salutations to Her who is modesty itself.

741. **Om Rambhādi-vanditāyai namaḥ**
Salutations to Her who is adored by Rambhā and other celestial damsels.

742. **Om Bhava-dāva-sudhā-vṛṣṭyai namaḥ**
Salutations to Her who is the rain of nectar that puts out the forest fire of Saṁsāra.

743. **Om Pāpāraṇya-davānalāyai namaḥ**
Salutations to Her who is also the wild fire that burns down the jungles of sins.

744. **Om Daurbhāgya-tūla-vātūlāyai namaḥ**
Salutations to Her who is the wind blows away like flakes the misfortunes.

745. **Om Jarā-dhvānta-ravi-prabhāyai namaḥ**
Salutations to Her who is the sunbeam that dispels the darkness of decay (or infirmities attendant an old age).

746. **Om Bhāgyābdhi-candrikāyai namaḥ**
Salutations to Her who is the full moon that sets up the tides of good fortune.

747. **Om Bhakta-citta-keki-ghanā ghanāyai namaḥ**
Salutations to Her who is the heavy cloud that make dance the peacocks which are minds of Her devotees.

748. **Om Roga-parvata-dambholaye namaḥ**

Salutations to Her who is the thunderbolt that shatters the mountain of diseases.

749. **Om Mṛtyu-dāru-kuṭhārikāyai namaḥ**
Salutations to Her who is the axe that cuts down the tree of death.

750. **Om Maheśvaryai namaḥ**
Salutations to Her who is the Supreme Ruler.

751. **Om Mahā-kālyai namaḥ**
Salutations to Her who is Mahākāli - the great Kāli who rules over even Death.

752. **Om Mahā-grāsāyai namaḥ**
Salutations to Her who is the great Devourer.

753. **Om Mahāśanāyai namaḥ**
Salutations to Her who consumes both the animate and inanimate Universe.

754. **Om Aparṇāyai namaḥ**
Salutations to Her who is Aparnā - the one who did not take even a leaf while performing austerities.

755. **Om Caṇḍikāyai namaḥ**
Salutations to Her who is Caṇḍikā, the awe-inspiring one.

756. **Om Caṇḍa-muṇḍāsura-niṣūdinyai namaḥ**
Salutations to Her who is the destroyer of the demons Caṇḍa and Muṇḍa and came to be known as Cāmuṇḍā for this reason.

757. **Om Kṣarākṣarātmikāyai namaḥ**
Salutations to Her who is both perishable and imperishable.

758. **Om Sarva-lokeśyai namaḥ**
Salutations to Her who is the Ruler of all the worlds.

759. **Om Viśva-dhāriṇyai namaḥ**
Salutations to Her who supports the whole Universe.

760. **Om Tri-varga-dātryai namaḥ**
Salutations to Her who bestows the triad of human values (aspirations to do meritorious acts, the capacity for it, and the means for it).

761. **Om Subhagāyai namaḥ**
Salutations to Her who is the Goddess of good fortune.

762. **Om Tryambakāyai namaḥ**
Salutations to Her who is the three-eyed Goddess.

763. **Om Triguṇātmikāyai namaḥ**
Salutations to Her in whom the three qualities of Nature are in harmony.

764. **Om Svargāpavargadāyai namaḥ**
Salutations to Her who bestows the heaven and liberation.

765. **Om Śuddhāyai namaḥ**
Salutations to Her who is ever pure.

766. **Om Japā-puṣpa-nibhākṛtaye namaḥ**
Salutations to Her whose complexion is like

the China rose flowers.

767. **Om Ojovatyai namaḥ**
Salutations to Her who is full of vitality.

768. **Om Dyuti-dharāyai namaḥ**
Salutations to Her who is the light-bearer.

769. **Om Yajña-rūpāyai namaḥ**
Salutations to Her who is Viṣṇu, the embodiment of sacrifice.

770. **Om Priya-vratāyai namaḥ**
Salutations to Her who is fond of holy vows.

771. **Om Durārādhyāyai namaḥ**
Salutations to Her who is hard to worship (by those having no control over the senses).

772. **Om Durādharṣāyai namaḥ**
Salutations to Her who is hard to control.

773. **Om Pāṭalī-kusuma-priyāyai namaḥ**
Salutations to Her who is fond of Pāṭali flowers (the pale-red trumpet flowers).

774. **Om Mahatyai namaḥ**
Salutations to Her who is the greatest.

775. **Om Meru-nilayāyai namaḥ**
Salutations to Her who resides on Meru.

776. **Om Mandāra-kusuma-priyāyai namaḥ**
Salutations to Her who loves the Mandāra (teak) flowers.

777. **Om Vīrārādhyāyai namaḥ**
Salutations to Her who is worshipped by warriors.

778. **Om Virāḍ-rūpāyai namaḥ**
Salutations to Her who is the Virāt, the Cosmic Whole.

779. **Om Virajase namaḥ**
Salutations to Her who is without any stain.

780. **Om Viśvato-mukhyai namaḥ**
Salutations to Her who faces all directions.

781. **Om Pratyag-rūpāyai namaḥ**
Salutations to Her who is the inner Self.

782. **Om Parākāśāyai namaḥ**
Salutations to Her who is the Supreme Space.

783. **Om Prāṇadāyai namaḥ**
Salutations to Her who gives life.

784. **Om Prāṇa-rūpiṇyai namaḥ**
Salutations to Her who is the Life force.

785. **Om Mārtaṇḍa-bhairavārādhyāyai namaḥ**
Salutations to Her who is adored by Mārtaṇḍa Bhairava (a form of Śiva).

786. **Om Mantriṇī-nyasta-rājya-dhure namaḥ**

Salutations to Her who has entrusted Her kingdom to Her assistant Śyāmlāmbā.

787. **Om Tripureśyai namaḥ**
Salutations to Her who is the deity Tripurā.

788. **Om Jayat-senāyai namaḥ**
Salutations to Her who has victorious armies at Her command.

789. **Om Nistraiguṇyāyai namaḥ**
Salutations to Her who is devoid of the three qualities.

790. **Om Parāparāyai namaḥ**
Salutations to Her who is both the Absolute and the Relative.

791. **Om Satya-jñānānanda-rūpāyai namaḥ**
Salutations to Her who is Truth, Knowledge and Bliss.

792. **Om Sāmarasya-parāyaṇāyai namaḥ**
Salutations to Her who is the refuge of co-equal nature of Śiva and Śhaktī.

793. **Om Kapardinyai namaḥ**
Salutations to Her who is the Consort of Kapardin (Śiva from whose matted hair the Gangā flows).

794. **Om Kalā-mālāyai namaḥ**
Salutations to Her who wears the sixty-four arts and crafts as a garland.

795. **Om Kāma-duhe namaḥ**
Salutations to Her who is a Kāmadhuk (the wish-yielding celestial Cow) to Her devotees.

796. **Om Kāma-rūpiṇyai namaḥ**
Salutations to Her who can assume any form.

797. **Om Kalā-nidhaye namaḥ**
Salutations to Her who is the treasure of all arts.

798. **Om Kāvya-kalāyai namaḥ**
Salutations to Her who is the art of poetry.

799. **Om Rasa-jñāyai namaḥ**
Salutations to Her who is the Mistress of all (10) kinds of literary writing.

800. **Om Rasa-śevadhaye namaḥ**
Salutations to Her who is the treasure of the nectar of Brahman.

801. **Om Puṣṭāyai namaḥ**
Salutations to Her who is nourished.

802. **Om Purātanāyai namaḥ**
Salutations to Her who is ancient.

803. **Om Pujyāyai namaḥ**
Salutations to Her who is worshipped.

804. **Om Puṣkarāyai namaḥ**
Salutations to Her who is like a lotus in bloom.

805. **Om Puṣkarekṣaṇāyai namaḥ**
Salutations to Her who is lotus-eyed.

806. **Om Parasmai jyotiṣe namaḥ**
Salutations to Her who is the Supreme Light.

807. **Om Parasmai dhāmne namaḥ**
Salutations to Her who is the Supreme Abode.

808. **Om Paramāṇave namaḥ**
Salutations to Her who is also the subtlest atom.

809. **Om Parāt-parāyai namaḥ**
Salutations to Her who is the Supremest of the supreme.

810. **Om Pāśahastāyai namaḥ**
Salutations to Her who holds in Her hands the noose that binds all to Saṁsāra.

811. **Om Pāśa-hantryai namaḥ**
Salutations to Her who cuts the bond of Saṁsāra.

812. **Om Para-mantra-vibhedinyai namaḥ**
Salutations to Her who breaks the spells of one's enemies.

813. **Om Mūrtāyai namaḥ**
Salutations to Her who has forms.

814. **Om Amūrtāyai namaḥ**
Salutations to Her who is formless also.

815. **Om Anitya-tṛptāyai namaḥ**

Salutations to Her who is satisfied even with our perishable offerings (because She is pleased only by devotion).

816. **Om Muni-mānasa-haṁsikāyai namaḥ**
Salutations to Her who is the swan swimming in the Mānasa (mind) lake of the sages.

817. **Om Satya-vratāyai namaḥ**
Salutations to Her who is vowed to truth.

818. **Om Satya-rūpāyai namaḥ**
Salutations to Her who is herself truth.

819. **Om Sarvāntar-yāmiṇyai namaḥ**
Salutations to Her who pervades all hearts.

820. **Om Satyai namaḥ**
Salutations to Her who is Eternal, also the Consort of Parama-śiva.

821. **Om Brahmāṇyai namaḥ**
Salutations to Her who is the Śakti of Brahmā the Creator.

822. **Om Brahmaṇe namaḥ**
Salutations to Her who is Herself Brahman.

823. **Om Jananyai namaḥ**
Salutations to Her who is the Mother of the Universe.

824. **Om Bahu-rūpāyai namaḥ**
Salutations to Her who has taken the form of the many.

825. **Om Budhārcitāyai namaḥ**
Salutations to Her who is worshipped by the wise.

826. **Om Prasavitryai namaḥ**
Salutations to Her who gives birth to the Universe.

827. **Om Pracaṇḍāyai namaḥ**
Salutations to Her who is awe-inspiring.

828. **Om Ājñāyai namaḥ**
Salutations to Her who is divine commandments.

829. **Om Pratiṣṭhāyai namaḥ**
Salutations to Her who is the foundation of the Universe

830. **Om Prakaṭākṛtaye namaḥ**
Salutations to Her who is manifest in all as the I-consciousness.

831. **Om Prāṇeśvaryai namaḥ**
Salutations to Her who is the ruler of Prāṇa (life force).

832. **Om Prāṇa-dātryai namaḥ**
Salutations to Her who gives life.

833. **Om Pañcāśat-pīṭha-rūpiṇyai namaḥ**
Salutations to Her who forms the fifty basic sounds of our speech, or who has fifty centres of worship.

834. **Om Viśṛṅkhalāyai namaḥ**
Salutations to Her who is unfettered.

835. **Om Viviktasthāyai namaḥ**
Salutations to Her who dwells in the hearts of the wise or in sacred secluded spots.

836. **Om Vīra-mātre-namaḥ**
Salutations to Her who is the Mother of warriors.

837. **Om Viyat-prasuve namaḥ**
Salutations to Her who is the source of Viyat, the space from which creation takes place.

838. **Om Mukundāyai namaḥ**
Salutations to Her who gives salvation to Jīvas.

839. **Om Mukti-nilayāyai namaḥ**
Salutations to Her who is the abode of salvation.

840. **Om Mūla-vigraha-rūpiṇyai namaḥ**
Salutations to Her who is the Root from which all other Śaktis originate.

841. **Om Bhāva-jñāyai namaḥ**
Salutations to Her who is the knower of thought.

842. **Om Bhava-rogaghnyai namaḥ**
Salutations to Her who destroys the pains of transmigratory existence.

843. **Om Bhava-cakra-pravartinyai namaḥ**
Salutations to Her who has set in motion the wheel of transmigratory existence.

844. **Om Chandaḥ-sārāyai namaḥ**
Salutations to Her who is the prototype of all metres.

845. **Om Śāstra-sārāyai namaḥ**
Salutations to Her who is the essence of all Śāstras (Scriptures).

846. **Om Mantra-sārāyai namaḥ**
Salutations to Her who is the essence of all Mantras.

847. **Om Talodaryai namaḥ**
Salutations to Her who, though slender of waist, contains within Herself all the Talas, (worlds) like Atala, Vitala and others.

848. **Om Udāra-kīrtaye namaḥ**
Salutations to Her whose fame extends everywhere.

849. **Om Uddāma-vaibhavāyai namaḥ**
Salutations to Her who is boundless in Her might and glory.

850. **Om Varṇa-rūpiṇyai namaḥ**
Salutations to Her whose form is the letters.

851. **Om Janma-mṛtyu-jarā-tapta-jana-viśrānti-dāyinyai namaḥ**
Salutations to Her who gives peace and repose to those afflicted with birth, old age and death.

852. **Om Sarvopaniṣad-udghuṣṭāyai namaḥ**
Salutations to Her whom all the Upanishads proclaim.

853. **Om Śāntyatīta-kalātmikāyai namaḥ**
Salutations to Her who is called Śāntyatīta, that annihilates duality and bestows bliss.

854. **Om Gaṁbhīrāyai namaḥ**
Salutations to Her who is inscrutable.

855. **Om Gaganāntasthāyai namaḥ**
Salutations to Her who pervades all space.

856. **Om Garvitāyai namaḥ**
Salutations to Her who is the Pride of Śiva (the Supreme I-consciousness) which is the source of the Creative process.

857. **Om Gāna-lolupāyai namaḥ**
Salutations to Her who is fond of music.

858. **Om Kalpanā-rahitāyai namaḥ**
Salutations to Her who is untouched by the creative process which proceeds from Her will.

859. **Om Kāṣṭhāyai namaḥ**
Salutations to Her who is the Supreme Goal.

860. **Om Akāntāyai namaḥ**
Salutations to Her who effaces all sins.

861. **Om Kāntārdha-vigrahāyai namaḥ**
Salutations to Her who is half the person of Her Consort, Parama-śiva.

862. **Om Kārya-kāraṇa-nirmuktāyai namaḥ**
Salutations to Her who is free from cause and effect.

863. **Om Kāma-keli-taraṅgitāyai namaḥ**
Salutations to Her who overflows with desire and pleasure in the company of Her Lord, Kāmeśvara.

864. **Om Kanat-kanaka-tāṭaṅkāyai namaḥ**
Salutations to Her who wears ear-rings of burnished gold.

865. **Om Līlā-vigraha-dhāriṇyai namaḥ**
Salutations to Her who takes various forms for Her cosmic play.

866. **Om Ajāyai namaḥ**
Salutations to Her for who is unborn.

867. **Om Kṣaya-vinirmuktāyai namaḥ**
Salutations to Her free from decay.

868. **Om Mugdhāyai namaḥ**
Salutations to Her who is attractive by her beauty and innocence.

869. **Om Kṣipra-prasādinyai namaḥ**
Salutations to Her who is easily pleased.

870. **Om Antar-mukha-samārādhyāyai namaḥ**
Salutations to Her who is worshipped by those capable of introspection.

871. **Om Bahir-mukha-sudurlabhāyai namaḥ**

Salutations to Her whose worship is difficult for those whose gaze is outwards.

872. **Om Trayyai namaḥ**
Salutations to Her who is the three-fold Veda.

873. **Om Trivarga-nilayāyai namaḥ**
Salutations to Her who is implicit in the threefold aim of life (Dharma, Artha and Kāma).

874. **Om Tristhāyai namaḥ**
Salutations to Her who is present in the three periods of existence like past, present and future.

875. **Om Tripura-mālinyai namaḥ**
Salutations to Her who is the Deity of the threefold circles in the Śrī-Cakra.

876. **Om Nirāmayāyai namaḥ**
Salutations to Her who is free from diseases.

877. **Om Nirālambāyai namaḥ**
Salutations to Her who depends on none.

878. **Om Svātmārāmāyai namaḥ**
Salutations to Her who is rejoicing in Her Self.

879. **Om Sudhāsṛutyai namaḥ**
Salutations to Her who is the stream of nectar.

880. **Om Saṁsāra-paṅka-nirmagna-samuddharaṇa-paṇḍitāyai namaḥ**

Salutations to Her who is skilled in rescuing those who are sunk in the mire of transmigratory life.

881. **Om Yajña-priyāyai namaḥ**
Salutations to Her who is fond of sacrifice.

882. **Om Yajña-kartryai namaḥ**
Salutations to Her who is the Doer of all sacrifices.

883. **Om Yajamāna-svarūpiṇyai namaḥ**
Salutations to Her who is the sacrificer.

884. **Om Dharmādhārāyai namaḥ**
Salutations to Her who is the support of Dharma.

885. **Om Dhanādhyakṣāyai namaḥ**
Salutations to Her who the Ruler of wealth.

886. **Om Dhana-dhānya-vivardhinyai namaḥ**
Salutations to Her who increases money and harvests.

887. **Om Vipra-priyāyai namaḥ**
Salutations to Her who loves the learned.

888. **Om Vipra-rūpāyai namaḥ**
Salutations to Her whose forms are the learned.

889. **Om Viśva-bhramaṇa-kāriṇyai namaḥ**
Salutations to Her who causes, the Universe to revolve in cyclic motion.

890. **Om Viśva-grāsāyai namaḥ**

Salutations to Her who devours the Universe at the end of the cycle.

891. **Om Vidrumābhāyai namaḥ**
Salutations to Her who has coral complexion.

892. **Om Vaiṣṇavyai namaḥ**
Salutations to Her who is Vaiṣṇavī, the Power of Viṣṇu.

893. **Om Viṣṇu-rūpiṇyai namaḥ**
Salutations to Her who is Herself in the form of Viṣṇu.

894. **Om Ayonyai namaḥ**
Salutations to Her who is without origin.

895. **Om Yoni-nilayāyai namaḥ**
Salutations to Her who is the place of origin of the Universe.

896. **Om Kūṭasthāyai namaḥ**
Salutations to Her who is changeless, (veils Her own nature, while multitudes of universes reside in Her).
(Kūṭasthā - has these three different meanings.)

897. **Om Kula-rūpiṇyai namaḥ**
Salutations to Her who is the Deity of the path of the Kaulas.

898. **Om Vīra-goṣṭhī-priyāyai namaḥ**
Salutations to Her who is fond of the assembly of warriors.

899. **Om Vīrāyai namaḥ**

Salutations to Her who is valorous.

900. **Om Naiṣkarmyāyai namaḥ**
Salutations to Her who is free from the taint of action. (Karma).

901. **Om Nāda-rūpiṇyai namaḥ**
Salutations to Her who is the unstruck sound (and can be experienced in the Anāhata Cakra).

902. **Om Vijñāna-kalanāyai namaḥ**
Salutations to Her who causes direct experience of the Self.

903. **Om Kalyāyai namaḥ**
Salutations to Her who is able to create.

904. **Om Vidagdhāyai namaḥ**
Salutations to Her who is artful.

905. **Om Baindavāsanāyai namaḥ**
Salutations to Her who is seated in the Bindu, the central dot above the eye-brows (also in the Śrī-Cakra).

906. **Om Tattvādhikāyai namaḥ**
Salutations to Her who transcends the thirty-six categories.

907. **Om Tattva-mayyai namaḥ**
Salutations to Her who is the Reality itself.

908. **Om Tat-tvam-artha-svarūpiṇyai namaḥ**
Salutations to Her who is the meaning of the words "That" and "Thou" (in the great Vedic sentence Tat tvam asi).

909. **Om Sāma-gāna-priyāyai namaḥ**
Salutations to Her who loves the chanting of Sāmaveda.

910. **Om Saumyāyai namaḥ**
Salutations to Her who is the object of worship in Soma sacrifice.

911. **Om Sadāśiva-kuṭumbinyai namaḥ**
Salutations to Her who is the wife of Sadāśiva.

912. **Om Savyāpasavya-mārgasthayai namaḥ**
Salutations to Her who rests in the middle channel (Suṣumnā) which is in the middle of Savya (Iḍā) and Apasavya (Pingalā) channels.

913. **Om Sarvāpad-vinivāriṇyai namaḥ**
Salutations to Her who wards off all dangers.

914. **Om Svasthāyai namaḥ**
Salutations to Her who is independent.

915. **Om Svabhāva-madhurāyai namaḥ**
Salutations to Her who is sweet by nature.

916. **Om Dhīrāyai namaḥ**
Salutations to Her who is endowed with wisdom.

917. **Om Dhīra-samarcitāyai namaḥ**
Salutations to Her who is worshipped by the wise with care and completeness.

918. **Om Caitanyārghya-samārādhyāyai namaḥ**

Salutations to Her who is worshipped with consciousness as oblation.

919. **Om Caitanya-kusuma-priyāyai namaḥ**
Salutations to Her who loves the flower of consciousness.

920. **Om Sadoditāyai namaḥ**
Salutations to Her who is ever shining.

921. **Om Sadā-tuṣṭāyai namaḥ**
Salutations to Her who is ever pleased.

922. **Om Taruṇāditya-pāṭalāyai namaḥ**
Salutations to Her who is rosy like the morning sun.

923. **Om Dakṣiṇādakṣiṇārādhyāyai namaḥ**
Salutations to Her who is worshipped by the learned and the unlearned.

924. **Om Dara-smera-mukhāmbujāyai namaḥ**
Salutations to Her whose shining face is gracious to all.

925. **Om Kaulinī-kevalāyai namaḥ**
Salutations to Her who is the ultimate object of Kaula worship.

926. **Om Anarghya-kaivalya-pada-dāyinyai namaḥ**
Salutations to Her who confers the priceless state of ultimate bliss and freedom.

927. **Om Stotra-priyāyai namaḥ**
Salutations to Her who loves hymns of praise.

928. **Om Stuti-matyai namaḥ**
Salutations to Her who is worthy of hymns of praise.

929. **Om Śruti-saṁstuta-vaibhavāyai namaḥ**
Salutations to Her whose glory is praised by the Vedas.

930. **Om Manasvinyai namaḥ**
Salutations to Her who is intelligence.

931. **Om Mānavatyai namaḥ**
Salutations to Her who is high-minded.

932. **Om Maheśyai namaḥ**
Salutations to Her who is the great Queen.

933. **Om Maṅgalākṛtaye namaḥ**
Salutations to Her who has beneficial appearance.

934. **Om Viśva-mātre namaḥ**
Salutations to Her who is the Mother of the Universe.

935. **Om Jagad-dhātryai namaḥ**
Salutations to Her who supports the world.

936. **Om Viśālākṣyai namaḥ**
Salutations to Her who has large eyes or who is worshipped as Viśālākṣī at Kaśi.

937. **Om Virāgiṇyai namaḥ**
Salutations to Her who is dispassionate.

938. **Om Pragalbhāyai namaḥ**

Salutations to Her who is strong.

939. **Om Paramodārāyai namaḥ**
Salutations to Her who is supremely generous.

940. **Om Parā-modāyai namaḥ**
Salutations to Her who is supremely delightful.

941. **Om Manomayyai namaḥ**
Salutations to Her who is the mind.

942. **Om Vyoma-keśyai namaḥ**
Salutations to Her whose hair is the space.

943. **Om Vimānasthāyai namaḥ**
Salutations to Her who is seated high in Her celestial chariot.

944. **Om Vajriṇyai namaḥ**
Salutations to Her who is Indrānī (or who is adorned with jewels or who holds the thunderbolt in Her hand).

945. **Om Vāmakeśvaryai namaḥ**
Salutations to Her who is the deity of the leftward path of the Kaulas.

946. **Om Pañca-yajña-priyāyai namaḥ**
Salutations to Her who loves the five sacrifices of the rightward path.

947. **Om Pañca-preta-mañcādhi-śāyinyai namaḥ**
Salutations to Her who is seated on a seat formed

of the five corpses (Gods - Brahmā, Viṣṇu, Rudra, Iśvara and Sadāśiva).

948. **Om Pañcamyai namaḥ**
Salutations to Her who is the wife of the Fifth of these (Sadāśiva).

949. **Om Pañca-bhūteśyai namaḥ**
Salutations to Her who rules over the five primordial elements.

950. **Om Pañca-saṅkhyopacāriṇyai namaḥ**
Salutations to Her who is worshipped with the five objects (- scent, flowers, incense, lamp, offering of food)

951. **Om Śāśvatyai namaḥ**
Salutations to Her who is eternal.

952. **Om Sāśvataiśvaryāyai namaḥ**
Salutations to Her whose dominion is eternal.

953. **Om Śarmadāyai namaḥ**
Salutations to Her who gives eternal happiness.

954. **Om Śaṁbhu-mohinyai namaḥ**
Salutations to Her who is the charmer of Śambhu, Her Consort.

955. **Om Dharāyai namaḥ**
Salutations to Her who is the earth.

956. **Om Dhara-sutāyai namaḥ**

Salutations to Her who is the daughter of Himavān, the king of mountains.

957. **Om Dhanyāyai namaḥ**
Salutations to Her who is fortune.

958. **Om Dharmiṇyai namaḥ**
Salutations to Her who is righteous.

959. **Om Dharma-vardhinyai namaḥ**
Salutations to Her who promotes righteousness in devotees.

960. **Om Lokātītāyai namaḥ**
Salutations to Her who transcends all the worlds.

961. **Om Guṇātītāyai namaḥ**
Salutations to Her who transcends the three qualities.

962. **Om Sarvātītāyai namaḥ**
Salutations to Her who transcends everything.

963. **Om Śamātmikāyai namaḥ**
Salutations to Her who is tranquillity.

964. **Om Bandhūka-kusuma-prakhyāyai namaḥ**
Salutations to Her who resembles the deep red Bandhūka blossoms.

965. **Om Bālāyai namaḥ**
Salutations to Her who is eternally young.

966. **Om Līlā-vinodinyai namaḥ**

Salutations to Her who sports in the creation of the Universe.

967. **Om Sumaṅgalyai namaḥ**
Salutations to Her who is most auspicious in Herself.

968. **Om Sukha-karyai namaḥ**
Salutations to Her who bestows happiness.

969. **Om Suveṣāḍhyāyai namaḥ**
Salutations to Her who is gracefully attired.

970. **Om Suvāsinyai namaḥ**
Salutations to Her who is ever with Her consort.

971. **Om Suvāsinyarcana-prītāyai namaḥ**
Salutations to Her who is pleased with respect shown to married women.

972. **Om Āśobhanāyai namaḥ**
Salutations to Her who is ever beautiful.

973. **Om Śuddha-mānasāyai namaḥ**
Salutations to Her who is ever pure in mind.

974. **Om Bindu-tarpaṇa-santuṣṭāyai namaḥ**
Salutations to Her who is pleased with libations offered to the Bindu (the central dot in the Śrī-Cakra).

975. **Om Pūrva-jāyai namaḥ**
Salutations to Her who is the first born.

976. **Om Tripurāmbikāyai namaḥ**
Salutations to Her who is Tripurāmbikā, the Mother (of the individual beings who have three states - waking, dream and deep sleep).

977. **Om Daśa-mudrā-samārādhyāyai namaḥ**
Salutations to Her who is worshipped through the ten Mudras or signs and gestures of the hands and fingers in worship.

978. **Om Tripurāśrī-vaśaṁkaryai namaḥ**
Salutations to Her who controls Tripurāśrī (a powerful Deity) presiding over the fifth Cakra -Sarvārthasādhaka

979. **Om Jñāna-mudrāyai namaḥ**
Salutations to Her who is jñāna-mudrā also known as Cin-mudrā-the mudrā of knowledge (hand gesture made by joininging the tips of the thumb and forefinger to make a circle and extending other fingers).

980. **Om Jñāna-gamyāyai namaḥ**
Salutations to Her who is attained through knowledge.

981. **Om Jñāna-jñeya-svarūpiṇyai namaḥ**
Salutations to Her who is both knowledge and the object of knowledge.

982. **Om Yoni-mudrāyai namaḥ**
Salutations to Her who is the ninth mudrā (or who gives happiness in the womb). This mudra must be learned from the Guru.

983. **Om Trikhaṇḍeśyai namaḥ**
Salutations to Her who is the Ruler of Trikhaṇḍā, the tenth mudra, or presiding deity of the three regions of Brahmarandhra, Maṇipūra and Mūlādhāra.

984. **Om Triguṇāyai namaḥ**
Salutations to Her who is endowed with the thre qualities of Sattva, Rajas and Tamas.

985. **Om Ambāyai namaḥ**
Salutations to Her who is Ambā, the mother of all.

986. **Om Trikoṇagāyai namaḥ**
Salutations to Her who resides in the triangle of Śrī-Cakra.

987. **Om Anaghāyai namaḥ**
Salutations to Her who is sinless.

988. **Om Adbhuta-cāritrāyai namaḥ**
Salutations to Her whose deeds are wonderful.

989. **Om Vāñchitārtha-pradāyinyai namaḥ**
Salutations to Her who grants the desired objects.

990. **Om Abhyāsātiśaya-jñātāyai namaḥ**
Salutations to Her who is known only through the consstant devotion.

991. **Om Ṣaḍadhvātīta-rūpiṇyai namaḥ**
Salutations to Her who transcends the six methods.(Varṇa, Pada, Mantra, Kalā, Tattva and Bhuvana - letters, words, mantra, parts, categories, worlds respectively)

992. **Om Avyāja-karuṇā-mūrtaye namaḥ**
Salutations to Her who is unconditional grace.

993. **Om Ajñāna-dhvānta-dīpikāyai namaḥ**
Salutations to Her who dispels the darkness of ignorance.

994. **Om Ābāla-gopa-viditāyai namaḥ**
Salutations to Her who is known to even a child or a cowherd (in the concept of 'I').

995. **Om Sarvānullaṅghya-śāsanāyai namaḥ**
Salutations to Her whose laws are never transgressed.

996. **Om Śrī-Cakra-rāja-nilayāyai namaḥ**
Salutations to Her who resides in the royal Śrī-Cakra.

997. **Om Śrīmat-tripura-sundaryai namaḥ**
Salutations to Her who is the wife of divine Tripura-sundara-Param-śiva.

998. **Om Śrī-śivāyai namaḥ**
Salutations to Her who is the divine Śivā (who is identical with Śiva).

999. **Om Śiva-śaktyaikya-rūpiṇyai namaḥ**
Salutations to Her who is the union of Śiva and Śakti.

1000. **Om Lalitāmbikāyai namaḥ**
Salutations to her who is Lalitāmbikā (the goddess who is Lalitā, the playful) because Her cosmic functions are just like a sport to Her, and Ambikā because she is the Mother of all.

Iti śrī Brahmāṇḍapurāṇe Uttarakhaṇḍe śrī Hayagrīva-Agastya saṁvāde Śrī Lalitā-Sahasranāma-Stotra kathanaṁ saṁpūrṇam

Thus ends the narration of Śrī Lalitā-Sahasranāma-Stotra during the dialogue between Hayagrīva and Agastya, which occurs in the Uttarakhaṇḍa of Śrī Brahmāṇḍapurāṇa.

Uttaranyāsaḥ

Positioning bījamantras

Aiṁ hṛdayāya namaḥ.
Klīṁ śirase svāhā.
Sauḥ śikhāyai vaṣaṭ.
Aiṁ kavacāya huṁ.
Klīṁ netra-trayāya vauṣaṭ.
Sauḥ astrāya phaṭ.
Bhūr bhuvas-suvar-om-iti digvimokaḥ.

Dhyānam

Meditation

Sindūrāruṇa-vigrahāṁ tri-nayanāṁ
māṇikya mauli-sphurat-
tārānāyaka-śekharāṁ smitamukhīm
āpīna-vakṣoruhām,
Pāṇibhyām alipūrṇa-ratna-caṣakaṁ
raktotpalaṁ bibhratīṁ-
saumyāṁ ratna-ghaṭastha-rakta-caraṇāṁ
dhyāyet-parām-ambikām.

Aruṇāṁ karuṇā-taraṅgitākṣīṁ
dhṛta-pāśāṅkuśa-puṣpa-bāṇa-cāpām,
aṇimādibhir āvṛtāṁ mayūkhai-raham-
ityeva vibhāvaye bhavānīm.

Dhyāyet padmāsanasthām vikasita-vadanām
padma-patrāyatākṣīm

hemābhām pītavastrām kara-kalita-lasad-
dhema-padmām varāṅgīm,
sarvālaṅkāra-yuktām satatam-abhayadām
bhaktanamrām Bhavānīm
Śrīvidyāṁ śāntamūrtim sakala-sura-nutām
sarva sampat-pradātrīm.

Sakuṁkuma-vilepanām alika-cumbi-kastūrikām
samanda-hasitekṣaṇām saśara-cāpa-pāśāṅkuśām,
aśeṣa-jana-mohinīm aruṇa-mālya-bhūṣāmbarāṁ
japā-kusuma-bhāsurām japavidhau
-smared-ambikām.

Lamityādi-pancapūja

Worship of five elements

'Laṁ' pṛthivī-tattvātmikāyai śrīlalitāmbikāyai
gandhaṁ parikalpayāmi

'Haṁ' ākāśa-tattvātmikāyai śrīlalitāmbikāyai
puṣpāṇi samarpayāmi

'Yaṁ' vāyu-tattvātmikāyai śrīlalitāmbikāyai
dhupam āghrāpayāmi

'Raṁ' vahni-tattvātmikāyai śrīlalitāmbikāyai
dīpaṁ darśayāmi

'Vaṁ' amṛta-tattvātmikāyai śrīlalitāmbikāyai
amṛtaṁ mahā naivedyaṁ nivedayāmi

'Saṁ' sarva-tattvātmikāyai śrīlalitāmbikāyai
sarvopacārapūjāṁ samarpayāmi

Samarpaṇam

Guhyātiguhya-goptrī tvaṁ
gṛhāṇāsmatkṛtaṁ japam,
Siddhirbhavatu me Devi
tvatprasādān mayi sthirā.

O Protector of the mystery of all mysteries! Please accept the japa (repetition) we made. O Devi, may your gifts bestowed upon me come to fruition.

Yadakṣaraṁ padaṁ bhraṣṭaṁ
mātrāhinaṁ ca yadbhavet,
Tatsarvaṁ kṣamyatāṁ Devi
Nārāyaṇi namostu te.

If any letter or word has been omitted or mispronounced, please forgive me, O Devi Nārāyaṇī, I offer You my salutations.

Visargabindumātrāṇi
padapādākṣarāṇi ca,
Nyūnāni cātiriktāni
kṣamasva Parameśvarī.

O Parameśvari, please forgive my omissions or additions of any visargas (aspirations), bindus (nasal sounds), mātrās (short or long vowels), parts, words and letters.

SHANTI MANDIR

SHANTI MANDIR, a spiritual nonprofit organization, is dedicated to the propagation of Baba Muktānanda's teachings. One of the ashrams of Shanti Mandir is near the banks of the River Ganges, at Kankhal, near Haridwar. The ashram at Magod is in rural surroundings, amidst a twenty-acre mango orchard, in the state of Gujarat. The third ashram in India is adjacent to the samādhi shrine of Bhagavān Nityānanda, in the village of Ganeshpuri, in Maharashtra state. Shanti Mandir's ashram in the United States is on 294 wooded acres outside the town of Walden, New York. Under the guidance of Swami Nityānanda, Shanti Mandir symbolizes peace, progress, and love. In addition to the spiritual practices carried on daily, these ashrams contribute their resources toward the following charitable activities: Śrī Muktānanda Sanskrit Mahāvidyālaya (education), Shanti Arogya Mandir (health), and Shanti Hastkala (economic upliftment through handicrafts).

Bhagavān Nityānanda

Baba Muktānanda

Mahāmandaleshwar Swami Nityānanda is from a lineage of traditional spiritual teachers in India. While carrying the traditional teachings, he makes spirituality a practical part of modern daily reality, guided by the prayer "May all beings live in peace and contentment." Born in Mumbai, India, in 1962, Swami Nityānanda was raised from birth in an environment of yoga and meditation. His parents were devotees of the famous ascetic avadhūt Bhagavān Nityānanda, and then became disciples of his successor, the renowned Guru Baba Muktānanda. Swami Nityānanda was trained from childhood by Baba Muktānanda and initiated into the mysterious path of the Siddha Gurus. He learned the various yogic practices, including meditation and Sanskrit chanting, and studied the philosophies of Vedānta and Kashmir Shaivism. He was initiated into the Sarasvatī order of monks in 1980 at eighteen years of age and was given the name Swami Nityānanda by Baba Muktānanda. In 1981, Baba Muktānanda declared Swami Nityānanda would succeed him to carry on the lineage. In 1987, Swami Nityānanda founded Shanti Mandir as a vehicle for continuing his Guru's work and subsequently established four ashrams. In 1995, at the age of thirty-two, at a traditional ceremony in Haridwar, India, the āchāryas and saints of the Daśnām tradition installed him as a Mahāmandaleshwar of the Mahānirvani Akhara. He was the youngest recipient since the inception of this order. Currently Swami Nityānanda, also known as Gurudev, travels around the world, sharing the spiritual practices in which he has been trained.

Mahāmandaleshwar Swami Nityānanda

LOKĀḤ SAMASTĀḤ SUKHINO BHAVANTU

MAY ALL BEINGS BE CONTENT

www.ingramcontent.com/pod-product-compliance
Lightning Source LLC
Chambersburg PA
CBHW071205070526
44584CB00019B/2927
* 9 7 8 1 7 3 2 1 4 2 0 5 3 *